国家社会科学基金一般项目"新生代农民工集体行动的政治心理机制及其调适研究"（项目编号：16BZZ007）

国家社会科学基金后期资助重点项目"人民信访制度研究"（项目编号：22FZZA001）

国家社会科学基金重大项目"全过程民主与基层社会治理研究"（项目编号：21@ZH032）

农民工集体行动的
社会心理机制研究

孔凡义 著

NONGMINGONG

JITI XINGDONG DE

SHEHUI XINLI JIZHI YANJIU

中国社会科学出版社

图书在版编目（CIP）数据

农民工集体行动的社会心理机制研究／孔凡义著．—北京：中国社会科学
出版社，2023.4

ISBN 978 - 7 - 5227 - 1751 - 7

Ⅰ.①农⋯　Ⅱ.①孔⋯　Ⅲ.①民工—集体社会学—社会心理学—研究—
中国　Ⅳ.①D422.64

中国国家版本馆 CIP 数据核字（2023）第 153582 号

出 版 人	赵剑英
责任编辑	田　文
特约编辑	金　泓
责任校对	张爱华
责任印制	王　超

出　　版	中国社会科学出版社
社　　址	北京鼓楼西大街甲 158 号
邮　　编	100720
网　　址	http://www.csspw.cn
发 行 部	010 - 84083685
门 市 部	010 - 84029450
经　　销	新华书店及其他书店

印　　刷	北京君升印刷有限公司
装　　订	廊坊市广阳区广增装订厂
版　　次	2023 年 4 月第 1 版
印　　次	2023 年 4 月第 1 次印刷

开　　本	710×1000　1/16
印　　张	12
插　　页	2
字　　数	181 千字
定　　价	66.00 元

凡购买中国社会科学出版社图书，如有质量问题请与本社营销中心联系调换
电话：010 - 84083683

目　　录

绪　　论

自 20 世纪 80 年代以来，作为社会经济体制改革、城市化、工业化发展的必然产物，过去计划经济时代僵化的人口管理体制被打破。农民不再被户口束缚在土地上，人口的流动从限制流动逐渐转化为自由流动，农民和市民的划分不再是绝对的。于是，一个新的具有中国特色的社会群体——农民工开始出现，而且其规模迅速扩大。根据国家统计局农民工监测调查报告提供的公开数据，我国农民工数量自 21 世纪逐年攀升，于 2019 年高达 2.9 亿人，到 2020 年才第一次回落，但总量仍然维持在高位。农民工群体如此庞大，他们的政治行为和心理对我国的社会发展和社会稳定有着潜在的巨大影响。近几年来，随着我国社会保障制度的建立健全和城乡融合政策的推进，新生代农民工群体逐步淡出了人们的视野。但是，新生代农民工群体仍然时不时地会引发一些社会舆情事件。农民工从产生至今，他们越来越表现出比较独立的群体特征。比如农民工流动性强、社会关系网络封闭、社会地位低下、工作强度大等。最重要的是，随着国家对农民工的政策惯性，农民工已经形成了较强的自我认同和群体认同。农民工已经不是单个工人，他们已经形成了能够集体行动的单位。在农民工的内部，他们已经意识到了群体团结对于他们的重要意义。所以，在很多地区农民工已经通过现代化的技术如 QQ、手机、网络等加强联络，建立老乡会，成为他们集体行动的社会基础。[①] 尤其是，每年年

[①] 孔凡义：《中国失业农民工政治参与及其治理研究》，湖北人民出版社 2014 年版，第 1 页。

底各地出现的农民工集体讨薪事件、集体罢工事件仍然容易成为舆论关注的焦点。新生代农民工群体通过集体行动来表达自己的情绪和维护自己的利益都是值得我们注意的社会现象和研究课题。新生代农民工集体行动的形成和扩展固然有经济的、法律的、社会的、制度的原因，但是通向集体行动的社会心理机制也非常值得我们深入研究探讨。因为这些集体行动严重影响到我国的社会和政治稳定。他们的一些集体行动有时表现为农民工与雇主之间的纠纷，有时表现为农民工与本地人的冲突，有时表现为农民工与社区的矛盾。那么农民工这些集体行动的背后隐藏着什么社会心理？农民工集体行动的心路历程是什么？农民工集体行动的行为方式有哪些？农民工集体行动的影响因素和影响机制是什么？我们应该如何对农民工的社会心理机制进行调适？等等。这些问题都需要我们进一步深入的分析和探讨。

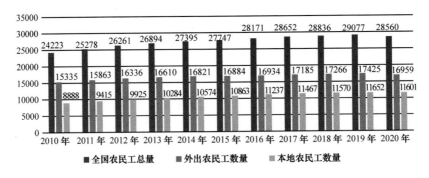

图 1 - 1　2010—2020 年农民工数量变化（单位：万人）

数据来源：国家统计局全国农民工监测调查报告数据。

第一节　国内研究综述

在国内人们很早就关注到农民工群体，无论是文学作品还是学术作品。在我国小学的语文课文《包身工》中，以文学艺术的形式展现出了我国早期农民工的日常生活。夏衍描绘的"包身工都是新从乡下出来，而且她们大半都是老板娘的乡邻"。毛泽东同志比较早地运用马克思主义阶级分析法来讨论我国社会各阶层。他在对社会阶层进行划分时，对马克思和恩格斯的游民无产阶级进行了中国化的分析。他把游民无产阶级分为两种类型："失了土地的农民和失了工作机会的手工业工人"。我们不难发现，毛泽东同志对游民无产阶级的界定比较类似于我国当前的农民工阶层。

李培林等比较早地对农民工进行了大规模的调查研究，很早就发现农民工社会融合存在困难。[①] 悦中山等发现，农民工—市民网络对社会融合各维度的不均衡作用有可能导致农民工长期陷入城市社会底层。[②] 杨绪松等的研究也间接地支持了这一结论。[③] 在另外一篇论文中，李树茁等又发现，社会支持网络分别与行为融合和情感融合显示出"弱关系"和"强关系"。[④] 但是，当前我国农民工的社会融合绝不仅仅是他们的社会资本问题。对此，悦中山等人也关注到了这一点。他们开始对政府、市场和社会与农民工社会融合之间的关系进行了研究。他们发现，政府和市场均对文化融合没有影响，仅社会对文化融合有显著影响。政府、市场和社会对农民工的社会经济融合和心理融合均有显著影响，政府还通过市场和社会对社会融合有间接影响。[⑤] 悦中山等人虽然已经开始关注到社会融合的治理话语，但是他们还是把治理看作社会融合的外在影响因素，而不是社会融合本身。袁方成等认为国家整合和社会融合是基层善治的未来趋势和发展要求。但是，他也认为社会融合是治理的外在影响因素，没有把社会融合看作治理本身的一种方式。

在国外，自迪尔凯姆（Durkheim）对社会融合的开创性研究以来，社会融合备受西方学者关注。无论是 Bollen 和 Hoyle 对社会心理融合的

---

① 李培林、田丰：《中国农民工融入的代际比较》，《社会》2012 年第 5 期。
② 悦中山、李树茁、靳小怡、费尔德曼：《从"先赋"到"后致"：农民工的社会网络与社会融合》，《社会》2011 年第 6 期。
③ 杨绪松、靳小怡、肖群鹰、白萌：《农民工社会支持与社会融合的现状与政策研究》，《中国软科学》2006 年第 12 期。
④ 李树茁、杨绪松、悦中山、靳小怡：《农民工社会支持网络的现状及其影响因素研究》，《西安交通大学学报》（社会科学版）2007 年第 1 期。
⑤ 悦中山、李卫东、李艳：《农民工的社会融合与社会管理——政府、市场和社会三部门视角下的研究》，《公共管理学报》2012 年第 4 期。

研究还是 Moddy 和 White 对"结构融合"即社会关系网络融合的研究，以及 Massey 对"空间同化"的研究，都把社会融合看作是个"社会问题"。Christopher J. Anderson、Klasen 意识到社会融合涉及政治，Steven Lukes、Margaret Archer、Nicos Mouzelis、Markus Perkmann、José Maurício Domingues 等讨论了社会融合的体制问题，Kymlicka，Will；Paris，Roland 和 Chapman，Jake 探讨了社会融合的政策层面，但总体而言，社会融合被认为是个非政治的议题。究其原因，可能与社会融合研究的社会学历史传统有关，社会学所关注的社会平等和不平等、社会分层和社会流动等层面都与社会融合紧密相关，因此社会学对于研究社会融合具有很强的学科优势。所以，在西方学术界，社会融合是个无关乎政治的议题，迪尔凯姆提出社会团结的概念，这被称为社会融合理论的发端。可以看出，迪尔凯姆的社会融合理论主要针对的是在西方社会转型过程中因为社会分化所带来的社会排斥和社会冲突问题。西方对社会融合的研究还有另外一个线索，他们讨论的是不同社会族群的社会融合问题。克雷夫科尔、帕克、卡伦等人考察了不同移民、族群如何实现文化一体化或多元共存。他们考察的是因为物理空间的位移从而引发的不同文化、种族或族群的社会融合问题。

国内学者对农民工集体行动、社会心理的研究与国外保持着较强的联动性，同时也保持较强的学术自觉和学术独立性。早期眼光敏锐的国内学者大多使用"权利话语"并创造性地转化建立新的解释框架来研究农民工集体行动，如"依法维权"[1]"地缘维权"[2]"依法抗争"[3]"集体维权"[4]。但是，后期越来越多的学者（尤其以年轻学者为主）开始有意识地突破前面的"权利话语"的理论框架，

[1]　于建嵘：《当代中国农民维权组织的发育与成长——基于衡阳农民协会的实证研究》，《中国农村观察》2005 年第 2 期。

[2]　江立、胡杰成：《"地缘维权"组织与农民工的权益保障——基于对福建泉州农民工维权组织的考察》，《文史哲》2007 年第 1 期。

[3]　肖唐镖：《当代中国的"群体性事件"：概念、类型与性质辨析》，《人文杂志》2012 年第 4 期。

[4]　黄振辉、王金红：《捍卫底线正义：农民工集体维权行动的道义政治学解释》，《华南师范大学学报》（社会科学版）2010 年第 1 期。

如使用"泄愤事件"①"无理上访"②"集体上访"③"气"④"街头抗议"⑤"忍"⑥ 等来自中国草根的话语、语境和中国社会政治的逻辑来解释农民和农民工集体行动、社会心理问题。可以看出，我国学者在农民工集体行动研究方面表现出相当的多元和自信。

与国外学者研究进路遵从着相同的逻辑，国内对农民工集体行动的研究也开始于 2009 年左右。起初，学者对农民工集体行动进行比较宏观的归因和策略分析，发现农民工的受教育程度、年龄、是否签订劳动合同、是否参加老乡会等因素对农民工集体行动有着显著的影响。⑦ 后来，有学者开始研究农民工集体行动的过程和策略，他们发现农民工善用"弱者武器""踩线不越线"等行动合法化策略，"把握重要时机""抓住官员小辫子"等行动扩大策略以及"问题延伸""游击队式忠诚"等行动延伸策略来保证集体行动的有效性，也有学者认为农民工集体行动是谋利而不是维权，其行为甚至存在陷入灰恶化的风险。从代际差异来看，新生代农民工的集体行动意愿明显比第一代农民工更加强烈，这是建立在他们更加强烈的集体意识和阶级意识基础之上的。

其中，有些学者已经认识到社会心理对于农民工集体行动的意

---

① 于建嵘：《社会泄愤事件中群体心理研究——对"瓮安事件"发生机制的一种解释》，《北京行政学院学报》2009 年第 2 期。

② 陈柏峰：《无理上访与基层法治》，《中外法学》2011 年第 2 期。田先红：《从维权到谋利——农民工上访行为逻辑变迁的一个解释框架》，《开放时代》2010 年第 6 期。桂华、陶自祥：《农民土地上访类型及其发生机制探析——基于豫东某县的调查》，《南京农业大学学报》（社会科学版）2011 年第 2 期。

③ 王进、王优喜：《基于混合模型的农民工阶层认同与集体上访参与意愿研究》，《中南民族大学学报》（人文社会科学版）2015 年第 6 期。

④ 应星：《"气"与中国乡土本色的社会行动——一项基于民间谚语与传统戏曲的社会学探索》，《社会学研究》2010 年第 5 期。

⑤ 谢岳：《从"司法动员"到"街头抗议"——农民工集体行动失败的政治因素及其后果》，《开放时代》2010 年第 9 期。

⑥ 秦洁：《"忍"与农民工身份认同研究——基于对重庆"棒棒"城市生活心态的深度访谈》，《开放时代》2013 年第 3 期。

⑦ 李超海：《农民工参加集体行动及集体行动参加次数的影响因素分析——基于对珠江三角洲地区农民工的调查》，《中国农村观察》2009 年第 6 期。汪华：《乡土嵌入、工作嵌入与农民工集体行动意愿》，《广东社会科学》2015 年第 2 期。

义，如对农民工阶级再生产和公民政治权的研究①、对农民工群体情绪和心理的研究②、农民工代际比较研究③等都在一定程度上涉及农民工集体行动与政治心理之间的关系。尤其是，已经有学者发现新生代农民工的身份认同、阶级意识、情感成为激发集体行动的动员力量。④ 有些学者虽然也在力推政治心理学的研究⑤，但遗憾的是，当前的研究要么还停留在引介性研究、宏观考察层面，要么注意力局限于政治文化方面，研究农民工集体行动的社会心理机制还是一块尚未开垦的处女地。

　　从国内外相关研究的学术史梳理及研究动态可以看出：国外从西方理论范式出发，对农民工集体行动的研究较多地关注农民工的阶级行动和 NGO 发展，遵循着西方一贯的"国家与社会关系"研究路径。虽然国内有些学者深受西方影响，延续了西方的研究范式，但是也有些学者开始有意识地从中国国情出发，研究农民工集体行动的中国逻辑，力图生产出具有中国特色的理论范式。但是迄今为止，中外学者在阐释农民工尤其是新生代农民工集体行动的社会心理机制方面还乏善可陈，在研究新生代农民工社会心理再生产方面还缺乏深入的研究。我们还缺乏对新生代农民工的社会意识、价值观、态度进行跟踪式研究。我们在研究新生代农民工时没有注意到他们社会心理的变

① 徐勇：《国家整合与社会主义新农村建设》，《社会主义研究》2006 年第 1 期。
② 李培林、田丰：《中国新生代农民工：社会态度和行为选择》，《社会》2011 年第 3 期。
③ 刘林平、王苗：《新生代农民工的特征及其形成机制——80 后农民工与 80 前农民工之比较》，《中山大学学报》（社会科学版）2013 年第 5 期。
④ 卢晖临、潘毅：《当代中国第二代农民工的身份认同、情感与集体行动》，《社会》2014 年第 4 期。
⑤ 王丽萍：《人格与政治：政治心理学领域核心关系分析》，《北京大学学报》（哲学社会科学版）2002 年第2期；季乃礼：《政治心理学的研究意义》，《湖南大学学报》（社会科学版）2008 年第2期；陈捷、呼和·那日松、卢春龙：《社会信任与基层社区治理效应的因果机制》，《社会》2011 年第6期；刘伟、晏俊杰：《社会转型时期影响政治稳定的政治心理问题探析》，《武汉理工大学学报》（社会科学版）2013 年第 6 期；刘训练：《西方群体政治心理研究的发展历程》，《南京社会科学》2013 年第 8 期；肖唐镖、余泓波：《近 30 年来中国的政治文化研究：回顾与展望》，《政治学研究》2015 年第 4 期；尹继武：《国际政治心理学研究的新进展：基本评估》，《国外理论动态》2015 年第 1 期；马得勇、王丽娜：《中国网民的意识形态立场及其形成：一个实证的分析》，《社会》2015 年第 5 期。

化，没有深入分析农民工社会心理在集体行动中所发挥的作用。我们还缺乏对新生代农民工社会心理再生产、社会心理发生和传导机制进行深入的研究，对农民工集体行动的心理后果也缺乏关注。

在吸收前人研究成果的基础上，本书力争在研究方法和研究框架方面有增量贡献。在研究方法上，本书力争做到宏观定量分析和微观质性分析相结合，既展示变量之间的因果关系，也解释变量之间相互影响、作用、变化的动态过程和具体形态。在研究框架上，本书提出集体行动的两种类型：常规型集体行动和自主型集体行动，把社会心理机制分为合法化机制、心理动员机制和共识达成机制，分别从个人、社会和政府三个层次来分析新生代农民工集体行动社会心理的调适。

第二节　国外研究综述

马克思和恩格斯虽然没有使用农民工这个概念，但是他们比较早敏锐地观察到农民工群体。在马克思和恩格斯的著作如《德意志意识形态》《共产党宣言》《德国农民战争》《英国工人阶级状况》《路易·波拿巴的雾月十八日》等著作中对西方国家早期的农民工群体有所论述。他们提出了游民无产者这个概念，指代"被法国人称作浪荡游民的那个完全不固定的、不得不四处漂泊的人群"①。但需要注意的是，马克思和恩格斯提出的游民无产者这个概念与农民工有交集但又有区别。交集在于，马克思和恩格斯的游民无产者概念是与产业工人阶级相对的，他们把没有固定职业的人都称之为游民无产阶级，这其中就包括流动雇工和个体手工业者。但是，其中游民无产阶级中的流氓、释放的刑事犯则跟农民工群体有较大差异。

在《英国工人阶级状况》一书中，恩格斯提出的两类英国工人阶级：爱尔兰工人和农业工人阶级，这两个群体更加接近我国农民工的

---

① 黄翌：《"游民无产者"的基本含义、特征与作用》，《湖南科技学院学报》2019年第1期。

概念。恩格斯指出农业工人阶级是指"由于以前存在过的工业劳动和农业劳动的结合已经解体，空出来的小块土地集中到大佃农手里，小农被占优势的大农的竞争所排挤，他们和小资产阶级及以前过着小康生活的工人一起破产了。小农不再像过去那样自己就是土地所有者或佃农，他们被迫抛弃了自己的耕作，到大佃农和大地主那里去当雇农"①。爱尔兰工人是指那些为了更多的工资移民到英格兰的工人，他们比英格兰工人的社会地位更低、工资更低、生活条件更低。"但是，凡工作比较简单、比较粗糙、需要体力甚于需要技能的地方，爱尔兰人就一点也不亚于英格兰人。因此，这些劳动部门都首先被爱尔兰人所包围。手工织工、泥瓦匠、搬运工人、小工等等中都有许多爱尔兰人，爱尔兰人的侵入在这里大大地促进了工资的降低和工人阶级状况的恶化。"② 恩格斯提出的两类工人阶级总和基本上可以和我国的农民工群体相吻合，即包含两大群体特征：一是流动性，没有固定职业；二是职业身份，以前从事农业生产现在从事工业生产。

西方现代化理论的学者受到马克思和恩格斯的影响，也使用了"游民无产阶级"这个概念，它指向的对象更加接近于我国农民工群体。亨廷顿（Samuel P. Huntington，1968）和纳尔逊（John M. Nelson，1976）讨论的游民无产阶级是指那些来到城市但是又难以在城市长期立足的城市移民。他们在著名的《变化社会中的政治秩序》一书中，认为新生代游民无产阶级（农民工）具有明显的保守主义和顺从倾向。游民无产阶级生活条件的改善、原有的农村价值标准、对短期利益的重视和独特的社会结构使他们往往对政治参与比较冷漠。但是，第二代游民无产阶级却往往是政治不稳定和城市暴力的重要源头。在另外一部著作中，亨廷顿和纳尔逊（John M. Nelson，1976）对此观点进行了进一步阐述和修正。他们提出，第二代游民无产阶级是否成为政治不稳定的重要源头关键在于他们能否实现垂直流

---

① 《马克思恩格斯全集》第 2 卷，人民出版社 2005 年版，第 378 页。
② 《马克思恩格斯全集》第 2 卷，人民出版社 2005 年版，第 549 页。

动。如果第二代游民无产阶级实现经济社会地位的上升，他们的政治参
与和其先辈同样不显著。但是，如果第二代游民无产阶级的垂直流动渠
道被阻塞，那么就会导致他们的阶层意识和政治参与度的提升。瑞默
（Basil G. Zimmer，1955）从移民理论的角度研究了城市结构中的移民
参与。他把城市中的移民分为两类：源自城市的移民和源自乡村的移民
（农民工），认为城市移民比乡村移民能够更迅速地参与社区活动。虽
然乡村移民参与率较低，但这只是在起先五年或仅限于社区参与时如
此。乡村移民生活的时间越长，他们的参与率就越高。

　　国外文献在 21 世纪前后就敏锐地发现农民工对城市[①]和乡村的巨
大改变。[②] 美国学者苏黛瑞比较早地观察到我国的农民工群体。她建
立了从公民身份和公民权的分析框架，来探讨农民工群体的社会地位
和权利。正如她所言："由于国家对流动人口的排斥限制了他们维护
自身'权益'的机会，所以，流动人口只得依靠自己在城市创办的
市场来维持他们在城市的生活，这也教会了他们如何在城市为维护自
身权益而抗争。此外，正是由于在 20 世纪后半叶的中国，城市居民
只享受有限的纯粹是社会经济方面的公民权——成员归宿和享受官方
配置的物品的权利，不享受政治权利——这就意味着那些仅仅在城市
中生存的流动人口只是城市的半公民。"[③] 但是，当时国外文献尚未
涉及农民工集体行动。这主要是因为，在 21 世纪之前，农民工刚刚
出现，集体行动还未形成。再则，从农民到农民工、从乡村到城市，
新生代农民工正处于上升通道之中，即使出现少数集体行动也难以引
起人们的关注。

---

① Laurence J. C. Ma. Zhongguo Shehui Fazhan-Xianggang Xuezhe de Fenxi（Development of Chinese Society-Analyses by Hong Kong Scholars）. *The China Quarterly*, 1998, p. 153. Rachel Murphy, "Return Migration, Entrepreneurship and Local State Corporatism in Rural China: The experience of two counties in south Jiangxi", *Journal of Contemporary China*, 2000, 9（24）, p. 163.

② Lei Guang, "Reconstituting the Rural-Urban Divide: Peasant Migration and the Rise of 'Orderly Migration' in Contemporary China", *Journal of Contemporary China*, 2001, 10（28）, p. 235.

③ ［美］苏黛瑞：《在城市中争取公民权》，王春光、单丽卿译，浙江人民出版社2009 年版，第 318 页。

直到 2008 年，国际金融危机引发大量企业倒闭，农民工集体讨薪事件集中爆发，农民工集体行动议题才进入西方学者的视野并引发了争论。[①] 一些学者对农民工老乡会进行了研究，发现"家乡网络"[②]和"地方共同体"[③] 在动员农民工进行原初的自发抗争中发挥着重要作用。而且，以地域认同为基础的民工社团还是影响农民工集体行动的重要变量。[④] 有些学者还发现，在珠三角地区农民工维权非政府组织已经比较活跃，集体行动比较常见。[⑤] 农民工的权利意识逐渐觉醒，这对他们集体维权发挥了积极的作用（Linda Wong，2010）。甚至有学者认为，超越地方认同的农民工阶级已经形成，建立在阶级基础上的农民工自觉集体行动已经出现。[⑥] 但是，作为新工人阶级，农民工集体行动表现出激进化的倾向。[⑦] 也有观点与此针锋相对，认为富士康"12 连跳"似乎表明新生代农民工并没有完成无产阶级化的进程，他们仍然是一盘散沙。[⑧] 因为中国政府提高了农民工的最低工资，再则

① Pun Ngai, Jenny Chan. , "Global Capital, the State, and Chinese Workers", *Modern China*, 2012, 38 (4), pp. 383 – 410.

② Erik Mobrand, "Politics of Cityward Migration: An Overview of China in Comparative Perspective", *Habitat International*, 2006, 30 (2), pp. 261 – 274. Erik Mobrand, "Mobilization or Repression of Migrants in Urban China? Hometown Networks, Leadership, and Lessons from International and Historical Comparisons", *Journal of Comparative Asian Development*, 2007, 6 (2), pp. 337 – 361.

③ Haijing Dai. , "Surviving in 'Localistic Communitas': Endogenous Multicultural Community Organizing among Migrant Workers in Post-Socialist China", *Journal of Social Service Research*, 2011, 37 (2), pp. 165 – 179.

④ Neal Palmer, Qingwen Xu. Social Capital, "Migration and Health in the Urban Chinese Context", *Journal of Ethnic and Migration Studies*, 2013, 39 (1), p. 264.

⑤ 和经纬、黄慧：《珠江三角洲地区农民工维权 NGO：描述性分析》，格致出版社、上海人民出版社 2008 年版，第 124 页。

⑥ Chris King-Chi Chan, Pun Ngai. "The Making of a New Working Class? A Study of Collective Actions of Migrant Workers in South China", *The China Quarterly*, 2009, p. 198.

⑦ Leung Pak Nang, Pun Ngai, "The Radicalisation of the New Chinese Working Class: A Case Study of Collective Action in the Gemstone Industry", *Third World Quarterly*, 2009, 30 (3), pp. 551 – 565. Dong Han, "Policing and Racialization of Rural Migrant Workers in Chinese Cities", *Ethnic and Racial Studies*, 2010, 33 (4), pp. 593 – 610.

⑧ Pun Ngai, Lu Huilin, "A Culture of Violence: The Labor Subcontracting System And Collective Action By Construction Workers In Post-socialist China", *The China Journal*, 2010 (64), pp. 383 – 410.

生产线工人能力有限，这些都限制了农民工阶级意识的形成和发展，他们的阶级意识仍然处于"工会意识萌发阶段"，难以形成有效的集体行动。① 即使是本田公司工人（包括农民工）罢工要求成立工会事件，也只能表明政府主导下的工人集体协商有可能形成，但是工人领导的集体协商在未来也是不可能的。

最近几年，国外文献不仅承认农民工集体行动的广泛存在，还认为他们已经发展出一整套集体行动机制。② 虽然草根农民工 NGO 面临着合法性和资源的限制，但是他们力图通过与政府建立互信、游说政府和赢取媒体同情等策略获得生存。③ 农民工广泛使用手机减少了对雇主的依赖，他们能够有效联系起来抵制资本势力的控制。④ 农民工的居住地如"城中村""民工村"所形成的社会网络在集体行动中发挥着重要作用⑤，尤其是那些在企业中打工的本地农民工比那些外来农民工能够更有效地调动亲情网络和暴力资源来维护自己的利益。⑥即使随着农民工市民化进度加快，有些地方通过户口改革逐步把农民工转为市民，但是这些新市民在教育资源和机会方面仍然与原住市民存在较大的差异，从而形成了农民工碎片化的组织团体，为他们的集体行动

---

① Anita Chan, Kaxton Siu, "Analyzing Exploitation: The Mechanisms Underpinning Low Wages and Excessive Overtime in Chinese Export Factories", *Critical Asian Studies*, 2010, 42 (2), pp. 90 – 167.

② Xianwen Kuang, Christian Göbel, "Sustaining Collective Action in Urbanizing China", *The China Quarterly*, 2013, pp. 216. Jennifer Y. J. Hsu, Reza Hasmath, "The Local Corporatist State and NGO Relations in China", *Journal of Contemporary China*, 2014, 23 (87), pp. 516 – 534.

③ Alex Jingwei He, Genghua Huang, "Fighting for Migrant Labor Rights in the World's Factory: Legitimacy, Resource Constraints and Strategies of Grassroots Migrant Labor NGOs in South China", *Journal of Contemporary China*, 2015, 24 (93), p. 157.

④ Yinni Peng, Susanne Y. P. Choi, "Mobile Phone Use among Migrant Factory Workers in South China: Technologies of Power and Resistance ", *The China Quarterly*, 2013, p. 215.

⑤ Feng Xu, "Gated Communities and Migrant Enclaves: The Conundrum for Building 'Harmonious Community/shequ'", *Journal of Contemporary China* , 2008 (57), pp. 169 – 179.

⑥ Wooyeal Paik, "Local Village Workers, Foreign Factories and Village Politics in Coastal China: A Clientelist Approach", *The China Quarterly*, 2014, p. 220. Beibei Tang, "'Not Rural but Not Urban': Community Governance in China's Urban Villages", *The China Quarterly*, 2015, p. 223.

奠定了自我认同基础。[①]

其中，也有学者开始从心理角度来研究农民工的行为，但是探讨农民工集体行动的社会心理机制尚非常少见。有些学者注意到，人们对农民工的社会政治态度，如带有民族歧视的不平等态度会影响农民工行为[②]；更多的学者从农民工的内心世界来解释农民工的行为方式，认为农民工自我意识、愤怒[③]等社会情绪是驱动农民工行为的重要因素。相对于新生代农民工，新生代农民工对自己的法律和政治地位[④]、身份[⑤]有更清晰的认识，这也促进了子女的偏好重构。[⑥] 但是，这些研究还停留在静态研究阶段，对新生代农民工社会心理影响其集体行动的机制、社会心理在集体行动过程中的变化等还缺乏动态的分析。

第三节　研究框架和方法

在相当一段时间内，集体行动都是国内外社会科学研究的热门主题，它跨越了学科的边界和方法论的隔阂。无论是经济学界、政治学界和社会学界，无论是规范研究还是实证研究，学者们都投入了大量的学术热情和精力，也取得了浩瀚如海的著作和论文。比较有代表性的有俱乐部理论、政治企业家理论、合作演化理论和社会

---

① Deng Quheng, Bjorn Gustafsson, "The Hukou Converters—China's Lesser Known Rural to Urban Migrants", *Journal of Contemporary China*, 2014, 23 (88). pp. 657 – 679. Pei-chia Lan, "Segmented Incorporation: The Second Generation of Rural Migrants in Shanghai", *The China Quarterly*, 2014, p. 217.

② Howell Anthony, "C Cindy Fan. Migration andInequality in Xinjiang: A Survey of Han and Uyghur Mi-grants in Urumqi", *Eurasia Geography and Economics*, 2011, pp. 119 – 139.

③ Pun Ngai, Lu Huilin, "A Culture Of Violence: The Labor Subcontracting System And Collective Action By Construction Workers In Post-socialist China", *The China Journal*, 2010 (64), pp. 143 – 160.

④ EVA PILS, "The Persistent Memory of Historic Wrongs in China: A Discussion of Demands for 'Reappraisal'", *China Perspectives*, 2007 (4 (72)), pp. 323 – 346.

⑤ Xiaodong Lin, "'Filial son', the Family and Identity Formation among Male Migrant Workers in Urban China", *Gender, Place & Culture*, 2014, 21 (6), pp. 717 – 732.

⑥ Lisa Eklund, "Son Preference Reconfigured? A Qualitative Study of Migration and Social Change in Four Chinese Villages", *The China Quarterly*, 2015, p. 224.

资本理论。① 但是这些理论大多集中于对集体行动的经济分析和社会分析。学者们对集体行动的心理分析出现了一些代表性的著作比如勒庞的《大众心理学》等，但是这些研究在集体行动理论谱系中仍然处于边缘地带。

一　两种集体行动：常规型集体行动和自主型集体行动

赵晓峰在研究河南省兰考县南马庄生产合作社的实践时，发现了结构性力量对农民集体行动的影响。它发现不同的结构性力量对集体行动的形成发挥的作用是不同的。因此，他把结构性力量分为外生性的结构性力量和内生性的结构性力量。② 同样的，于建嵘在调查农民集体行动时，发现社会外在压力是农民集体行动的重要影响变量。当外来压力变大时，农民集体行动会变得更加团结。由此，我们可以把集体行动分为两种类型：一种是常规型集体行动，其集体行动的初始动力来源于群体成员的外部并对群体的集体行动产生重要的影响；另一种是自主型集体行动，其集体行动的初始动力主要来源于内部，是群体成员基于利益或意识形态的共意而自发形成的集体行动。

常规型集体行动是普遍存的。基层政府或者企业组织为了政策执行或者生产经营活动通过强制性的手段迫使某个群体从事集体行动，比如开会、选举，等等。常规型集体行动的形成虽然主要动力是地方政府或者企业组织，但是群体成员的社会心理也比较重要，它会影响到集体行动的成本和效果。比如，如果常规型集体行动的目标与群体成员的利益或意识形态契合，那么群体成员将会积极地配合参与集体行动，但是如果二者相悖，那么集体行动即使达成，成本也会比较高，效果也会大打折扣。自主型集体行动是群体在社会事件刺激下，群体内部通过各种心理动员方式形成集体共意而采取的共同行

---

① 高春芽：《理性的人与非理性的社会：奥尔森集体行动研究》，中国社会科学出版社 2009 年版，第 155 页。
② 赵晓峰：《结构性力量视角下的集体行动何以可能？——基于南马庄生产者合作社的实践分析》，《调研世界》2008 年第 8 期。

动。自主型集体行动往往依赖于群体原有的心理文化结构和社会关系网络，在群体内核心成员的心理动员下形成。

新生代农民工作为一个新兴群体而世代更替，他们的集体行动和社会心理具有较强的代际性和群体性特征。他们集体行动的社会心理机制，即社会心理的演变最终导致农民工集体行动的形成，这是一个非常有趣而又具有政策意义的话题。以前的文献主要聚焦于农民工的社会心态及其对行为的影响，但是中间的影响机制和动态变化过程则是一个难于深入的问题。

新生代农民工的集体行动主要有两种形态：常规型集体行动和自主型集体行动。常规型集体行动包括社区和村庄选举、协商议事等，自主性集体活动比如讨薪、投诉、信访，等等。显然，两种形态的集体行动背后的社会心理机制是不同的。常规型集体行动的驱动力来自外部，是在外在强制或者选择性激励的推动下进行的。自主型集体行动的驱动力来自内部，是在社会关系网络的基础上基于社会认知、信任和价值观而形成的。

二　集体行动的社会心理机制：合法化、心理动员和共意达成

集体行动有很多种动因，利益的、社会的和政治的，但是无论是何种动因，集体行动的形成无疑都存在从心理到行为的外部转换。"无论基于团结需要，或冲突需要，集体行动都必须有情感的唤起。集体情感程度与触犯人们利益需要的程度、与触犯人们核心价值观的程度正相关，而与社会控制程度负相关，这是集体行动情感变化有可能呈现的逻辑规律。"[①] 当然，从心理到行为不是一个简单的线型过程，它可能是从心理到心理而没有产生行为的过程，也可能是从心理到心理再到行为的过程，也可能是从心理到行为再到心理和行为的反复的过程。集体行动的社会心理机制是指在集体行动形成过程中，社会心理是如何发挥作用和变化从而实现群体心理向集体行动转变的。当然，集体行动的社会心理机制跟个人行动的心理机制还有所不同。

---

① 郭景萍：《集体行动的情感逻辑》，《河北学刊》2006 年第 2 期。

集体行动的社会心理机制必然是存在社会环境的激发效应，集体行动的心理变化会受到社会刺激即社会控制或者社会激励的影响，所以集体行动的社会心理机制除了考虑行动者本人的心理资源或内在变化之外还要考虑到社会环境的变化。

第一，情理法与集体行动的心理合法化机制。不是所有的人都会参与集体行动。那么，为什么有些人会参与集体行动，有些人不会参与集体行动，这与人们不同的文化心理结构有关。根据尼尔·斯梅尔瑟（Neil Smelser）基于结构功能论对集体行动的分析，集体行动的形成是由6个要素同频共振的结果：结构的有利条件、结构性紧张、一般化信念的增长、突发因素、参与者行动的动员以及社会控制的实施。① 也就是说，只有个体行动信念的唤醒和增长才可能触发个体参与集体行动。个人行动信念是集体行动得以产生和形成的逻辑起点。同样地，根据詹姆斯·戴维斯（James C. Davies）提出的"J曲线理论"，集体行动的产生不是社会实践的实际状况，而是人们对于社会实践的主观感受。换言之，人们是否参与集体行动，不是由社会对人们的食物、尊重、平等、自由等若干需求的实际满足状况决定的，而是由人们对需求满足状况的主观感受与心理期望来决定的。② 所以，集体行动的社会心理机制的起点是参与者的社会文化心理结构，也就是说，参与者所拥有的心理资源对于参与集体行动至关重要。

当然，社会心理资源即社会文化心理结构不是天上掉下来的。根据社会文化理论，人们的社会文化心理结构的形成主要有两种方式，一种是社会文化心理结构的代际传递，一种是社会文化心理结构的后天习得。这两种文化心理结构形成方式也是两种社会心理再生产机制。由此，我们在研究集体行动的社会心理机制时，一是要考虑参与者不同代际的社会心理传递；二是要考虑参与者在集体行动后的社会

---

① Smelser, N. J., *The Theory of Collective Behavior*, New York: The Free Press, 1962, p. 164.

② Davies, J. C., "Toward a Theory of Revolution", *American Sociological Review*, 1962, 27（1）, pp. 236 – 257.

心理塑造。这两种社会心理再生产与原有社会文化心理结构是相互强化或者弱化的过程。参与者在上一代人的影响下形成了自身的社会文化心理结构,实现了社会心理的第一次再生产。他们在集体行动过程中对其他人或者其他人对他们又形成了强化或者弱化,实现了社会心理的第二次再生产。

第二,社会心理动员机制和集体行动的唤起。根据奥尔森的集体行动理论,群体的规模越大,群体集体行动的动能就越小。所以,与个体行动相比,集体行动的难度比较大。但是,根据行为心理学理论,无论是个体行动还是集体行动,它们都是在社会环境或者社会事件的刺激下产生的。例如社会学家泰德·格尔(Ted Robert Gurr)在20世纪70年代提出的"相对剥夺感"(relative deprivation)概念,它阐明了社会分配如何形成人们的相对剥夺感心态,这就是一种社会心理刺激的结果。

社会心理刺激机制是多方面的刺激。第一种是经济刺激,理性主义者认为,人都是经济人,谋求以最小的成本获得最大的收益,人们依据对个人利益及其实现手段的明确计算来决定参与或退出集体行动。人们估算各种行为可能带来的报酬价值以及获得这种报酬价值的可能性来作出行动选择。所以,理性主义者认为集体行动是经济刺激的结果。第二种是情绪的刺激。情绪的刺激是根据群体的关系纽带和社会关系网络,把从社会现实转化到共同意识的中介过程,在这个中介过程中,群体中的精英分子对集体行动的社会意义或者群体意义或者群体身份进行社会建构,他们根据关系纽带和社会关系网络的情感属性来对群体成员进行心理的刺激,从而激发他们共同的群体情感,形成集体心理投射,帮助群体成员完成心理移情过程。第三种是共意的形成和转化。无论是经济的刺激还是情绪的刺激,其目的都是为了达成集体行动的共意。集体行动的共意往往以群体原有的共意或者群体所共有的传统信仰为基础和前提条件。在群体原有共意或者群体所共有的信仰和价值基础上,以社会事件所建构的社会意义和价值为手段,通过社会关系网络对社会意义和价值进行传播、加工、融合在群体中促成集体行动的共意。所以，原有的集体信仰和人际网络是影响集体行动的共意形成和演化的重要变量。①

社会心理刺激机制最重要的作用是它要完成社会事件与群体成员社会心理文化结构之间的联系。它要对社会事件进行意义和价值的建构，从而与群体成员社会心理文化形成共情。但是，从社会事件到群体成员的共情是不容易的。其主要的难点是群体成员的异质性，每个人的性格、利益、知识水平和人生经历都不尽相同，所以很难形成共同的意识和情绪。为此，集体行动中的活跃分子往往会通过说服性的行动来建立自己与他人之间的同质性立场，通过意义和价值赋值来形成人们的共同体意识和集体心理身份。②

第三，社会心理共识形成机制和集体行动的启动。社会心理刺激会唤起和激发个体的行动，但集体行动是需要动员的。集体行动需要通过动员形成集体行动所需的共同意识，集体行动需要动员来获取所需的资源。从个体的行动到集体行动，这中间还存在个体心理到集体心理的中介过渡过程。在这一过渡过程中，集体心理、价值观、意识形态和规范无疑至关重要。在讨论集体行动形成时，拉尔夫·特纳（Ralph H. Turner）建立了应急规范理论（emergent norm theory）的分析框架，他认为集体行动的发生是共同的思想、意识形态以及愤怒等心理发生作用的结果。他指出，只有群体中某一特定共同规范形成之后，集体行动才能够衍生，它需要由群体共同支配的心理基础。行为心理学家斯蒂芬·怀特（Stephen C. Wright）提出，集体行动是群体典型成员对群体成员的示范效应，"如果某人像所属群体典型成员那样去行动，且其行动旨在改善所属群体状况，那么他（她）即是投入到了集体行动中"③。从特纳到怀特，他们分别从两个方面讨论

① 曾鹏、罗观翠：《集体行动何以可能？——关于集体行动动力机制的文献综述》，《开放时代》2006年第1期。

② 曾鹏、罗观翠：《集体行动何以可能？——关于集体行动动力机制的文献综述》，《开放时代》2006年第1期。

③ Wright, S. C., Taylor, D. M., "Moghaddam, FM. Responding to Membership in a Disadvantaged Group: From Acceptance to Collective Protest", *Journal of Personality and Social Psychology*, 1990, 58（6）, p. 994.

了集体行动心理共识的形成。一是外部社会环境的影响形成集体意识；二是内部典型成员的心理衍化形成集体示范和共识。

群体认同对于集体行动也非常重要。这方面，社会心理学家亨利·泰弗尔（Henri Tajfel）对"群体认同"（group identity）的研究为我们提供了启发和证据。他认为当个体将自我归属于某一特定群体时他就获得了群体资格（group membership）。群体资格既是群体对个体的容纳，也是个体对集体的归属、认同和被制约。群体资格所强制形成的群体认同，将会赋予他（她）某种价值和情感意义，能够对群体建立忠诚感，从而克服不顾群体内他人利益以谋求自身利益的背叛行为。[①] 这种建立在群体资格基础上的群体认同对触发个体参与集体行动既有软激励也有强约束。群体舆论和道德评议会激励个体采取行动，群体规范强制约束着个体成员倾向于参与集体行动。

集体行动的社会心理动员机制除了要解决个体心理到集体心理的扩散和衍化之外，它还要解决心理和行为的正当化问题。心理和行为的正当化可以降低心理和行为的成本，提高行动效率。所以，从社会心理到集体行动，中间还需要工具的转化，即合法化机制。无论任何社会主体，他们都需要把他们的行为合法化，赋予行为以正当性。集体行动的社会心理动员机制遵循着心理结构—合法化资源—行为方式的逻辑体系。心理结构是社会主体各种社会价值观之间的关系，合法化资源是社会主体集体行动的正当性依据，行为方式是社会主体集体行动的策略形态。

在农民工的文化心理结构中，农民工的政治效能感、腐败认知、政治信任至关重要，它们对集体行动和行为影响较大。在农民工的合法化资源中，政治合法化资源固然重要，但是，对于农民工而言，他们集体行动的诉求属于利益诉求而不是政治诉求，所以他们在利用和挖掘合法化资源时所动员的一般不是政治合法化资源。另外，因为农民工是后农民、准产业工人身份，他们的政治意识与产业工人有一定

① Tajfel H & Turner, J. C., "The Social Identity Theory of Intergroup Behavior", *Psychology of Intergroup Relations*, Chicago: Nelson Hall, 1986, pp. 7 – 24.

的差距，但是与传统农民阶层具有很强的亲缘性，所以他们对合法化资源的运用更多的是传统的资源，即情理法的交互使用。农民工运用情理法等传统合法化资源进行利益表达和集体行动，从而把自己的社会意识转化为集体行动，形成了完整的心理行为过程。

三　研究方法：定量研究和质性研究相结合

集体行动经历社会心理禀赋—心理刺激—心理动员等几个方面的心理变化并最终转化为集体行动。所以，我们从"机体变量（心理禀赋）—刺激变量（心理刺激）—反应变量（心理动员）"三个维度进行行为心理动态分析，发掘新生代农民工集体行动的社会心理机制，在此过程中融合定性分析与定量分析、结构分析与数据分析，融合宏观制度分析与微观博弈分析，力求增加研究框架和研究结论的合理性与精确性。在研究方法上，定量研究方法和质性研究方法各有千秋。定量方法通过结构化的问卷数据可以比较精确地反映各变量之间的关系，可以发现隐藏在社会现象背后的潜在关系，通过数据模型来验证大胆的假设。但是，定量研究方法也存在一定的缺点。比如，我们的研究如果要去阐释一个新的概念，或者要去给社会现象赋予一个新的概念，此时定量研究方法往往是无能为力的。而且，定量研究方法虽然可以揭示变量之间潜在的数学关系，但是它无法揭示或者解释潜在的数学关系的原因，以及它无法阐释自变量是如何影响因变量的。所以，质性研究方法可以很好地弥补这一缺陷。通过案例分析或者比较，我们可以发现新的概念和理论，或者赋予新的社会现象以新的概念，也可以动态地展示社会现象产生、演变的过程。当然，质性研究方法也会陷入"一案例—理论"的尴尬境地，很容易受到以偏概全的诘难。

第一，综合案例分析。所谓综合案例研究其实是案例分析的一种创新性方法或者变种。因为单案例研究容易受到案例代表性的诘难和案例选取主观性的批评，所以单案例研究的结论是否可以获取普遍性的认可有待考证。为了弥补单案例研究的弊端，本书提出综合案例分析的研究方法。它综合运用文本分析法、扎根理论与案例分析进行融合，通过扎根理论和文本分析法来建构概念和发现理论，在此前提下，通过单案例分析和多案例比较来展现案例的动态过程和机制逻辑。

综合案例分析不是否定案例分析的独立性价值，更不是将各研究法、各术语随意"拉郎配"。本书将行为心理学理论引入集体行动的研究之中，时刻注意到学科之间的相对独立性。比如对于群体的社会心理文化禀赋的分析，本书强调的是情理法的分析框架，通过农民工文本的话语表达来寻找他们心理文化结构的证据，只有在中国语境中才能够准确地表达新生代农民工的文化心理结构。因为新生代农民工是介于传统与现代之间的群体形态，我们如果用西方的理论概念来描述农民工的心理文化结构将会有明显的隔靴搔痒的错觉。那么，在研究群体的心理动员时，我们可以运用扎根理论来发现和凝练农民工群体中国化的心理说服和行为动员方式，也可以充分挖掘出中国特色的社会关系网络。所以，综合案例分析在一定程度上试图突破单案例分析法因为样本偏少而导致的主观偏见。

第二，回归和结构方程模型分析。线性回归分析作为一种定量研究方法比线性相关分析在社会科学研究中得到更加广泛的运用。它通过定义因变量和自变量，对数据进行方差分析基础上探索因变量与自变量之间的数学关系。但是，线性回归分析只能揭示变量之间的直接效应，它无法计算变量之间的间接效应。

结构方程模型分析是一种建立、估计和检验因果关系模型的方法。相对于回归分析，结构方程模型分析中既包含有可观测的显在变量，也可能包含无法直接观测的潜在变量。它可以探索发现各潜在变量与显在变量、潜在变量与潜在变量之间的直接关系或间接关系。结构方程模型可以涵盖多重回归、路径分析、因子分析、协方差分析等方法，清晰分析单项指标对总体的作用和单项指标间的相互关系。

在本书中，我们将运用结构化的问卷获取新生代农民工的社会心理和集体行动的调查数据。在社会心理的问卷调查中，我们将用多个问题项来调查新生代农民工的政治效能感、政治信任、腐败认知、公平感等社会心理，也会用同样的调查方法来调查新生代农民工的常规型集体行动和自主型集体行动。在问卷调查获取相应数据的基础上，通过回归分析和结构方程模型分析来研究探索农民工的社会心理与集体行动之间的数学关系。

第三，文本分析法。文本分析法是以文本为研究对象，由表及里来对文本进行意义分析，从而发现仅凭直觉或者简单阅读无法掌握的隐藏在文本后面的内涵和意义。作为探讨信息内容性质的一种有力的研究方法，文本分析也是文化研究学者常用的方法之一。对研究文本进行语言分析，从文本中抽取特征词进行量化以表示文本信息。将无结构化的原始文本转化为结构化，高度抽象和特征化，计算机可以识别和处理的信息，进而利用机器学习，分类聚类等算法，再对文本进行分析处理。

本书中，我们将利用与政府机构良好的学术合作关系来获取新生代农民工集体行为的原始台账，通过对台账文本分析来获取他们语言表达背后的心理文化结构，从而挖掘出新生代农民工集体行动的心理合法化机制。

第一章　农民工和新生代农民工

伴随着改革开放而生的农民工已经发展 40 多年了。在这 40 年中，农民工从乡村村民到城市市民，从流动候鸟到定居居民，农民工已经发生了天翻地覆的变化。当前，我国农民工基本完成了代际更替，已经从新生代发展到第二代。两代农民工的更替不仅仅是代际更替，更是社会阶层、行为方式和社会心理的更替。随着新生代农民工的逝去和第二代农民工的兴起，他们会对我国社会产生什么样的影响，他们的社会心理如何影响他们的社会行为，对于我国社会可持续发展和社会稳定至关重要。

第一节　农民工：多重面孔的概念

农民工是我国城乡二元管理体制的产物。20 世纪 80 年代以来，一方面农村生产力的提高导致农村剩余劳动力的出现和农村户籍管理的松动，另一方面城市工业化的提高导致对劳动力的巨大需求，从而形成了城市对流动人口的拉力和农村对农村人口的推力。在城乡推拉力的共同作用下，我国形成了人类历史上规模最大的人口迁移，也出现了一个规模庞大的新型群体：农民工。虽然农民工很早就已经出现，对农民工概念的探讨却是比较晚的事情了。

最早对农民工进行概念界定的政府文件是《国务院关于解决农民工问题的若干意见》（国发〔2006〕5 号）。文件指出："农民工是我国改革开放和工业化、城镇化进程中涌现的一支新型劳动大军。他们户籍仍在农村，主要从事非农产业，有的在农闲季节外出务工、亦工亦农，流动性强，有的长期在城市就业，已成为产业工人的重要组成部分。"该文件明确了农民工的两个必要条件，一是农村户籍，二是非农生产。随后政府多个文件提到农民工，但是没有再对此概念进行界定。《国务院关于进一步做好为农民工服务工作的意见》提出："进一步做好新形势下为农民工服务工作，切实解决农民工面临的突出问题，有序推进农民工市民化。"2010 年 1 月 31 日，国务院发布的 2010 年中央一号文件《关于加大统筹城乡发展力度 进一步夯实农业农村发展基础的若干意见》中，首次使用了"新生代农民工"的提法，并要求采取有针对性的措施，着力解决新生代农民工问题，让新生代农民工市民化。2019 年 12 月 30 日国务院颁布了《保障农民工工资支付条例》（以下简称《条例》），第一次以法规的形式来保障农民工的利益。《条例》第二条规定："本条例所称农民工，是指为用人单位提供劳务的农村居民。"这是我国第一次从法律上定义了"农民工"的概念。该界定与 2006 年 5 号文有相同之处，即农民工必须是农村户籍，但是并没有以非农生产作为限定条件，只要是为用人单位提供劳务都可以算作是农民工。虽然政府文件对农民工的讨论比较少，但是在学术界对农民工的概念讨论则呈现出繁荣的景象。

一　作为新群体的农民工

农民工作为一种社会现象已经普遍存在，但是农民工是否可以作为一种新群体仍然存在一定的争议。学者普洛格提出了群体的概念，他认为，"群体是在一个相当有规律的基础之上相互影响的人和有共同特点的、意识的人的集合体。"① 群体包括两种含义：一是意识群体，即具有共同的群体认同和价值认同，这种认同确定了本群体与他群体的边界；二是人际群体，即具有共同的生活纽带。

我国著名学者陆学艺比较早地从社会身份上来界定农民工的群体。他比较早地观察到农民工社会身份的双重性。他提出："农民工

---

① ［美］F. 普洛格、D. G. 贝茨：《文化演进与人类行为》，吴爱明、邓勇译，辽宁人民出版社 1988 年版，第 392 页。

者，农民工人也，他们是农业户口，户籍身份是农民，在家承包有集体的耕地，但他们在乡镇企业里上班，主要从事二、三产业劳动，拿乡镇企业的工资，就职业来说，他们已经是工人。"① 当然，此概念对农民工的界定存在值得商榷的地方，如指出"他们在乡镇企业里上班，主要从事二、三产业劳动，拿乡镇企业的工资，就职业来说，他们已经是工人"，这也许过于狭隘了。农民工所在的企业是随着我国企业结构变化而变化的。在20世纪八九十年代，乡镇企业的兴起激发了农民进城打工的高潮。但是，随着国有企业、外资企业、民营企业的崛起，农民工不仅存在于乡镇企业，而且在其他企业甚至是政府机关中都有农民工的身影。不过值得肯定的是，陆学艺较早地发现了农民工社会身份的矛盾和冲突，也正是这一矛盾和冲突后来引发了一系列的社会问题和治理难题。李培林等把从农业向第二或第三产业（非农产业）转移的劳动力称为"农民工"。"农民工"这个概念主要指户籍身份还是农民、有承包土地，但主要从事非农产业工作、以工资为主要收入来源的劳动者。② 李培林等把农民工分为两大部分：一部分是在家乡附近乡镇企业工作的"离土不离乡"的农民工。这部分农民工在空间上没有发生转移，但是户籍和职业发生了变化。另一部分是离开家乡到外地去打工的农民工，也称"流动民工"，这部分农民工的生活空间、户籍和职业都发生了变化。③ 可以看出，李培林等的界定主要有三个限定条件，一是农村户籍，二是从事非农产业，三是工资收入者。农民工是具有农业户籍身份从事第二、三产业劳动的工资收入者；城市工人指非农户籍身份从事二、三产业劳动的工资收入者。两者的职业主要包括产业工人、商业服务业员工、办事人员、专业技术人员和经理人员。④ 这个界定，也存在一定的模糊性。

---

① 陆学艺：《农民工问题要从根本上治理》，《特区理论与实践》2003年第7期。

② 李培林、李炜：《农民工在中国转型中的经济地位和社会态度》，《社会学研究》2007年第3期。

③ 李培林、李炜：《农民工在中国转型中的经济地位和社会态度》，《社会学研究》2007年第3期。

④ 李培林、李炜：《农民工在中国转型中的经济地位和社会态度》，《社会学研究》2007年第3期。

户籍的确认是很容易的，有政府证件和信息可供查询。但是，其他两个条件是很难判定的。另外，如果把农民工的范围限制在非农产业之内，那么现代化机械化产业化的农业生产企业内的打工农民是否也属于农民工的范畴呢？这似乎是这一概念难以回答的问题。

农民工是具有共同特点的个体组成的具有持续性的集合体。农民工虽然存在行业和工种、地域的差异，但是他们具有共同的身份特征。农民工从事非农产业但是具有农业户口，他们的职业和他们的户籍身份之间存在冲突。所以，农民工与传统的农民和传统的工人都不相同。农民工从事的工作具有类似性，基本上从事的都是中低端的服务和生产性工作。这些工作收入低、工期长、缺乏社会保障、社会地位低。

从社会关系的角度来看，农民工已经形成了相互影响、相互交流、相互链接的复杂的社会关系网络。他们以地缘、业缘、血缘等多种关系纽带为基础形成了较强的情感认同和支持网络，这种情感认同和支持网络构成了农民工在生活和工作中的社会支撑，从而促进他们形成了明确的群体结构。

从社会意识的角度来看，农民工也形成了朴素的共同体意识。虽然我们很难说农民工的群体意识就是阶级阶层意识，但是他们的群体意识的自我边界性仍然是存在的。如李汉林等认为农民工已经形成了非区域性的虚拟社区，即依赖差序格局所构造出来的社会关系网络，在不同的社区内农民工之间的关系强度有所不同。[①] 渠敬东也认为农民工群体的社会关系网络已经形成，他们在生存阶段抓住强关系，在发展阶段充分利用弱关系。所以，农民工的共同体意识是面向生存和发展的工具理性，而不是面向权利和政治的目的理性。农民工的共同体意识带有很强的地域性、血缘性、职业性，而非超地域、超血缘、超职业的阶级性和公共性。

---

① 李汉林、王琦：《关系强度作为一种社区组织方式——农民工研究的一种视角》，载柯兰君、李汉林主编《都市里的村民——中国大城市的农民工》，中央编译出版社2001年版，第35页。

二 作为新阶层的农民工

阶级分析法是马克思主义理论的一个重要分析方法。在新民主主义革命时期，毛泽东在《中国社会各阶层分析》和《中国革命和中国共产党》等著作中就多次运用马克思主义阶级分析法来探讨中国社会及其结构。他认为地主阶级是革命的对象，不是革命的动力。地主阶级里面又分投降派、顽固派和开明绅士，对他们需要区别对待。资产阶级分为买办的大资产阶级和民族资产阶级。买办性的大资产阶级是革命的对象，他们分属几个帝国主义国家，需要区别对待。民族资产阶级具有双重性。一方面，民族资产阶级受帝国主义的压迫和封建主义的束缚，他们具有革命性，但是另一方面由于他们在政治上和经济上的软弱性，他们缺乏彻底的反帝反封建的勇气。农民以外的小资产阶级，包括广大的知识分子、小商人、手工业者和自由职业者。知识分子和青年学生不是一个阶级或阶层，但是从他们的生活条件和政治立场看他们可以归属为小资产阶级范畴。农民是中国国民经济的主要力量，它分化为富农、中农、贫农。无产阶级包括产业工人、城市小工业者和手工业的雇佣劳动者和店员、雇农和其他城乡无产者。游民包括土匪、流氓、乞丐、娼妓和许多迷信职业家，是动摇的阶层容易被收买，有革命可能性缺乏建设性，破坏有余建设不足，容易成为流寇主义和无政府思想的来源。[①] 毛泽东对中国社会各阶层的分析是马克思主义阶级分析法在中国革命中的具体运用，对于从阶层角度分析农民工问题提供了方法论的指导和启发。

在李培林看来，大规模农民工的出现已经预示着他们构成了新兴农民工阶层。农民工阶层已经不同于农民阶层。相对于农民阶层，流动民工的阶级地位发生了变化，由低级阶层转向比以前更高的收入阶层。[②] 农民工阶层是介于农民阶层和工人阶层之间的新兴社会阶层。在这种阶层变化中，在一般意义上讲，从农民转化为市民，从务农转

---

① 《毛泽东选集》第 1 卷，人民出版社 1991 年版，第 1—11 页。
② 李培林：《流动民工的社会网络和社会地位》，《社会学研究》1996 年第 4 期。

变为务工、经商，意味着两个根本性的变化，一是生活方式、社会关
系网络从以血缘、地缘关系为主的社会网络转变为以业缘关系为主的
社会网络；二是以机会资源为象征的社会地位得到提高。① 阶层地位
的流动不仅仅是指农民工阶层身份或者收入地位的提高，而且是指农
民工社会关系网络的变化。农民工是在收入、生活方式、职业、社会
关系网络等方面都不同于农民阶层和工人阶层的新兴社会阶层。

　　学者郑杭生等认为，农民工作为相对独立的阶层与一般市民阶层
具有明显的差别，具体表现为：农民工的社会身份不同于农民和工
人。农民工虽然和农民一样是农村户籍，但是农民工从事的职业跟农
民不同，是非农职业。农民工虽然跟工人职业类似但是他们没有工人
所拥有的城市户籍。在社会关系网络方面，农民工带有很强的地缘
性，往往是来自居住和工作区域之外的人。他们的户籍所在地和居住
所在地是分离的，从而形成了户籍社会关系网络即血缘社会关系和职
业关系网络即业缘社会关系。从社会资源分配关系角度来看，农民工
不具有城市公民身份，所以他们属于"城市分配体系"之外的人，
他们与城市居民相比不具有城市公民权或者具有不完全的城市公民
权。② 从对外的边界来看，因为经济、地域、职业、阶层的共同性和
独异性，农民工与其他社会阶层形成了比较明显的群体边界；从对内
的整合来看，农民工因为共同的职业、社会关系等形成了相对紧密的
自我的认同和社会关系网络。

　　更有学者提出农民工阶层是不同于农民和工人的新权利阶层。美
国学者苏黛瑞从公民身份和公民权的角度来探讨农民工的概念。在她
的著作中，她用英文"peasant migrant"来指代农民工，意思是"农
民移民"。正如她所言："由于国家对流动人口的排斥限制了他们维
护自身'权益'的机会，所以，流动人口只得依靠自己在城市创办
的市场来维持他们在城市的生活，这也教会了他们如何在城市为维护

---

① 李培林：《流动民工的社会网络和社会地位》，《社会学研究》1996 年第 4 期。
② 郑杭生、陆益龙：《城市中农业户口阶层的地位、再流动与社会整合》，《社会学》
2002 年第 8 期。

自身权益而抗争。此外，正是由于在 20 世纪后半叶的中国，城市居民只享受有限的纯粹是社会经济方面的公民权——成员归宿和享受官方配置的物品的权利，不享受政治权利——这就意味着那些仅仅在城市中生存的流动人口只是城市的半公民。"① 与此类似，社会学者陈映芳使用了"非市民"（non-urban citizen）这一特定的概念来叙述农民工居住、工作、生活在城市却无法获得城市居民身份及权利的实际状况。此外，围绕迁移者的市民权问题，她的研究还使用了"公民权/市民权"和"国民待遇/市民待遇"等对概念。"公民权/市民权"主要用来分别指称社会成员在国家层面和城市层面的综合权利。"国民待遇/市民待遇"概念则主要用来指称国家政府和城市政府给予社会成员的一些技术层面的具体待遇。② 她认为，国家通过一系列政策把解决农民工的公民权问题转移给了地方政府，从而把国家层面的"公民权"问题转变成了"市民权"问题，把"国民待遇"问题转变成了"市民待遇"问题。

从整个社会结构来看，学者们普遍认为，农民工处于边缘化的社会性位置，它包括城市边缘化和城市底部化。从横向社会性位置来看，一方面农民工在城市中处于社会中心——边缘结构中的边缘位置；另一方面农民工因为长期游离于乡村之外，他们也处于乡村社会的边缘。或者说，农民工非工非农的社会位置让他们处于中介化的状态，被城市和乡村两个治理体系所排斥。从纵向社会性位置来看，农民工在城市中居于金字塔结构的底部，是城市社会结构的底层。金字塔的底部化不仅表现为农民工的经济收入最低，而且表现在他们的工作性质最恶劣，他们拥有最少的社会资本以及他们享有最少的社会福利。当然，随着农民工市民化的推进，许多地方的农民工通过积分制逐步获得了城市市民身份，但是这种市民身份的获取也是一个渐进的过程。在这个过程之中，农民工要比城市居民付出更多的成本。

---

① ［美］苏黛瑞：《在城市中争取公民权》，王春光、单丽卿译，浙江人民出版社 2009 年版，第 318 页。

② 陈映芳：《"农民工"：制度安排与身份认同》，《社会学研究》2005 年第 3 期。

三　作为过渡者的农民工

农民工的独特性还表现在农民工的中间性特征，即因为他的跨越性、过渡性所带来的中间性。跨越性是指农民工跨越了城市与乡村、市民与农民、中层社会与底层社会，因为农民工的多重跨越性导致了他们带有很强的边界模糊性，即多重语境下的中间者。所谓过渡性指农民工是乡村走向城市、农民转变成市民、底层社会上升为中层社会的过渡性阶段。所以，有学者认为农民工具有中介化功能，他们作为跨越农业工业的群体是产业分化的促进者；农民工群体作为跨越城—乡的群体，既是城乡经济差距的缩小者，也是城乡文化差异的缩小者；农民工群体作为跨越东中西部的群体是我国发达地区和欠发达地区经济发展的平衡者；作为跨越农民—工人阶级的农民工群体是阶级或阶层发展的中介者。①

作为中间者的农民工还表现在农民工是链接农民阶层和工人阶层的中间者。农民工一边连着城市，一边连着农村，一边生活在城市，一边生活在农村。他们非农非工、亦农亦工，对农业和工业、对农民和工人都有着较多的理解。因此，农民工是社会发展过程中具有很强的动态性、流动性的阶层。这种动态性和流动性对社会发展稳定是有益的，但是也隐藏着较大的社会风险。比如李培林就非常重视农民工的流动性特征，所以他把农民工称之为"流动民工"。李培林认为农民工最大的特征就是他们的流动性：一种是空间的流动，在地域上从农村向城市、从欠发达地区向较发达地区的流动。② 空间的流动也是城乡区域的流动，它反映的是其在生活空间和工作空间的变化。二是职业的流动，在职业上从农业向工商服务等非农产业的流动。③ 职业流动反映的农民工职业身份的变化，农民工由农业生产者转变成非农业生产者。

---

① 王红艳：《作为群体存在的农民工地位研究》，硕士学位论文，中共中央党校，2004 年。

② 李培林：《流动民工的社会网络和社会地位》，《社会学研究》1996 年第 4 期。

③ 李培林：《流动民工的社会网络和社会地位》，《社会学研究》1996 年第 4 期。

社会学者李强比较早地从职业变化角度探讨农民工问题。他认为，中国大陆的农民工是一个职业流动相当频繁的群体。他将农民工的职业流动区分为：初次职业流动和再次职业流动。农民工初次职业流动是农民从农村流向城市，由农民变为工人。所以，初次职业流动不仅是职业的流动，也附带着社会身份、地域的流动。再次职业流动是指已经变为农民工后的流动。① 刚开始，农民的流动是初步的，不仅改变了他们的生活空间，也改变了职业和社会身份。但是，随着我国改革开放的发展，他们的职业流动在继续进行和分化，他们从第一种职业流向第二种进而第三种职业，这些流动就属于再次职业流动。② 李强通过对改革开放前后农民流动的比较，很清晰地发现农民工这一群体的独特性。在改革开放前，农民的流动是个案的、稀少的，改革开放后农民流动所形成的农民工群体则是全面的、大规模的；改革开放前的农民流动，是职业、身份、地区的整体变化，而改革开放后农民流向城市成为农民工的流动则是一个不协调的过程，职业、身份和地域的变化不再是整体的，而是分离的。

农民工过渡者的特征也决定了，农民工群体存在动态性，他们向上流动将获得市民身份成为城市市民，向下流动将回归农村又成为传统的农民。所以，近几年农民工市民化成为了学术研究的话题。为了解决农民工社会融入，我国农民工市民化政策经历了严格限制阶段（20 世纪 80 年代早期）、规范管理阶段（20 世纪 80 年代中期）、服务推动阶段（进入 21 世纪）三个阶段。③ 另外，每次我国经济受到外部经济危机冲击的时候，国内也会出现农民工大规模回归农村的现象。无论是农民工市民化还是农民工返乡，都表明农民工群体相对于工人群体和农民群体具有很大的不确定性。他们实际上是社会现代化转型过程的副产品，是过渡性社会结构的组成部分，带有比较强的过渡性特征。

① 李强：《中国大陆城市农民工的职业流动》，《社会学研究》1999 年第 3 期。
② 李强：《中国大陆城市农民工的职业流动》，《社会学研究》1999 年第 3 期。
③ 许泽宁：《多源流理论视角下农民工市民化政策演变研究》，《山东农业大学学报》（社会科学版）2019 年第 4 期。

　　"农民工"（migrant-worker）作为中国社会转型时期一个具有独特意义的中国式概念，是中国城乡碰撞中从农民群体中分离出来的有别于传统农民又不同于一般市民的一个数量庞大而又十分特殊的群体。关于农民工的界定，学界因从不同的角度来解释而没有统一的概，但其所指的对象基本属性是一致的，都包含了"农村户口"和"在城市或城镇工作"这两大基本属性。"农民工"从语义上，我们可以看出它是个矛盾混合体。它是农民和工人的混合。这就体现了这个概念的第一个内容，职业混合体。从职业角度看，农民工既是农民又是工人，这也意味着他们既不是工人也不是农民，他们是摇摆于或游离于农民和工人两大职业之间的一个特殊的群体。农民工社会流动的第二个特征是"职业身份分离"。从社会身份的角度来看，农民工的社会身份是由户籍决定的。由于户籍制度并没有完全取消，农民工的户籍仍然是农业户籍，他们的社会身份仍然是农民。从工作职业的角度来看，农民工所从事的职业是非农产业，而且大多从事的是工业生产，他们从事的职业多属于工业生产。因此，农民工的工作职业和社会身份并不是一致的，是分离的。[1] 与传统农民相比，农民工离开农业生产区域和职业，但是他们的社会身份因为户籍制度的规定并没有随之发生改变。与西方社会的自由流动不同，农民工的社会流动还有很强的制度规定性。另外，农民工有广义和狭义之分：广义的农民工包括两部分人，一部分是在本地乡镇企业就业的离土不离乡的农村劳动力，一部分是外出进入城镇从事二、三产业的离土又离乡的农村劳动力；狭义的农民工主要是指后一部分人。本课题的研究对象主要是指狭义的农民工，即有着农村户口，进入城镇从事二、三产业的离土并且离乡的农村劳动力。

第二节　新生代农民工：代际差异和行为方式

　　近年来，新生代农民工群体越来越受到社会各界的关注。新生代

---

[1]　李强：《中国大陆城市农民工的职业流动》，《社会学研究》1999 年第 3 期。

农民工是新型的劳动力大军，他们的年龄在 20—30 岁之间，他们远走他乡，在非农业领域就业。事实上许多新生代农民工自小就移居城市，他们并不熟悉农业或是从未从事过农业劳动，同时他们也对城市生活更加熟悉更加能够适应。而由于二元户籍制度的存在，他们仍然保留着农村户籍。新生代农民工开始打工的时间通常是在义务教育之后，因此他们的文化程度以及受职业培训程度较传统农民工有所提高，参政意识与社会责任感相对较强。

一　农民工的代际差异

新生代农民工是个相对的概念，它是相对于第一代农民工而言的。对新生代农民工的确定标准主要有三种：第一种确定标准是根据出生时间，这种确定标准因为非常容易操作所以运用比较普遍。例如，王鸥指出"新生代农民工"是指出生于 1980 年及以后的农村户籍的打工者，与 1980 年之前出生的"第一代农民工"相对应。[①] 杨政怡、杨进也认为"新生代农民工"指的是 1980 年及之后出生、农村户籍、在城镇里从事非农业工作的劳动人口。[②] 包括在城市务工的"95 后"农村流动人口。[③] 刘丽娟认为以"80 后""90 后"为代表的新生代农民工是当前城市产业工人的主力军，相比上一代农民工（"60 后""70 后"），他们具有更加强烈的在城市定居的意愿与定居能力。[④] 生代农民工可定义为"出生于 20 世纪 80 年代后，年龄 16 岁以上，在异地以非农就业为主的农业户籍人口"。而谢建社、谢宇认为新生代农民工是指 1980 年以后出生并在城镇务工的青年农民工。[⑤] 看重的是年龄

①　王鸥：《城乡发展与新生代农民工的工作流动——基于打工地和输出地的城乡多点研究》，《中国农业大学学报》（社会科学版）2021 年第 5 期。

②　杨政怡、杨进：《社会资本与新生代农民工就业质量研究——基于人情资源和信息资源的视角》，《青年研究》2021 年第 2 期。

③　林巧明、杨宜音：《时空下的流转：新生代农民工生活方式研究》，《哈尔滨工业大学学报》（社会科学版）2021 年第 1 期。

④　刘丽娟：《新生代农民工就近城镇化形成机制、实践基础及发展路径》，《重庆社会科学》2020 年第 10 期。

⑤　谢建社、谢宇：《新时代农民工在乡村振兴中的共赢机制建构》，《甘肃社会科学》2018 年第 4 期。

特征。王春光也以年龄作为分界线,他认为"新生代农民工"主要是指在外打工的"80后""90后"农民工,与上一代农民工相比,他们呈现出:工作耐受力差、享受要求高、职业期望高、教育程度高等特征。

新生代农民工第二种确定标准是根据进入城市的时间来确定,这个标准因为难于识别所以在学术界运用较少。2001年首次由中国社会科学院王春光提出。改革开放已经有20多年时间,按照习惯,10年之差就等于是两代人。虽然曾经留守或随迁的农村儿童未必全部"子承父业"成为新生代农民工,但是绝大多数人已经进入了外出务工的农民工队伍。留守随迁经历已经成为新生代农民工群体的重要特征之一。① 将80年代初次外出的农村流动人口算作第一代,而90年代初次外出的算作新生代。当然,年代仅仅是一个维度,我们还可以从年龄来划分。随着时间的推移,农民工群体内部产生了代际分化,新生代农民工进入人们的视野,备受关注,他们大多经由第一代农民工的介绍或带领进入到城市务工。②

第三种确定标准是混合标准,只要符合年龄标准或者入城标准的农民工都被纳入到新生代农民工的范畴。新生代农民工主要是指"80后""90后"农民工,年龄18岁到25岁,以"三高一低"为特征:受教育程度高,职业期望值高,物质和精神享受要求高,工作耐受力低,既包括从小在农村长大的青年劳动力,亦包含"首代新生代农民工"夫妇在城市生育达到就业年龄的青年劳动人口。

已有的研究成果表明,新生代农民工相较于老一辈农民工显示出更多鲜明的个性特征。③ 因为他们较少居住在乡村,他们对乡村的记忆和认同大大低于老一辈农民工,更倾向于在城市安居乐业,但是他们和新生代农民工一样难以融入城市。④ 像他们的父辈一样,新生代

① 刘茜、杨俊:《童年期留迁经历对新生代农民工政府信任的影响机制研究》,《云南行政学院学报》2021年第2期。

② 王春光:《新生代农村流动人口的社会认同与城乡融合的关系》,《社会学研究》2001年第3期。

③ 李培林、田丰:《中国新生代农民工:社会态度和行为选择》,《社会》2001年第3期。

④ 王春光:《新生代农民工城市融入进程及问题的社会学分析》,《青年探索》2010年第3期。

农民工依然难以被城市接纳，无法完全融入其中。① 所以，有学者提出"双重脱嵌"的概念，用以描述既没有融入城市又脱离了乡村的生存状态，既游离于制度性权力结构和福利保障体系之外，也在客观纽带和主观认同上脱离传统乡土中国。② "80 后"青年农民工群体适应城市的实践受到乡土世界、想象世界、城市世界和实践世界四个世界的交互作用之影响。③ 与其父辈农民工相比，新生代农民工在受教育年限、婚姻状况、未来归属倾向、自我身份判断、市民化意愿方面均有着显著不同。④ 新生代农民工介于第一代农民工和城市工人之间，他们既不像第一代农民工那样依靠亲戚朋友的帮带来实现就业，也不像城市工人那样拥有与生俱来的市民身份，从而更容易获得一份体面的工作。⑤

新生代农民工虽然继承了上一代农民工的社会心理，但是其受到的教育较上一代有明显的增多，而且在集体行动中展现了较上一代更明显的维权意识。然而，尽管政府想要实现农民工城市化，农民工想要融入城市，有参与公共事务的意识，并且想要争取自己在城市中的利益，获得"话语权"，但他们集体行动的现状并不乐观。事实上，新生代农民工行走在城市边缘，是"政治边缘人"。一方面，他们与传统农民工相比有较多城市生活的经验，对于城市的期望较高，而对农业不熟悉，对故乡农村也不甚了解，即便在农村拥有选举权，也与自身利益无关，缺乏主动性和积极性，在农村社会中处于边缘地；另一方面，与自身利益息息相关的城市公共事务作为新生代农民工却无法参与，即便有着对政治强烈的关注度也无济于事。无论在城市还是

① 杨玲丽、吴鹏森：《新生代农民工城市融入与犯罪的实证研究——基于某市三所监狱的调查数据分析》，《社会科学战线》2014 年第 11 期。

② 朱妍、李煜：《"双重脱嵌"：农民工代际分化的政治经济学分析》，《社会科学》2013 年第 11 期。

③ 符平：《青年农民工的城市适应：实践社会学的发现》，《社会》2006 年第 2 期。

④ 刘传江、程建林：《第二代农民工市民化：现状分析与进程测度》，《人口研究》2008 年第 5 期。

⑤ 杨政怡、杨进：《社会资本与新生代农民工就业质量研究——基于人情资源和信息资源的视角》，《青年研究》2021 年第 2 期。

农村，新生代农民工都处在社会边缘化的状态。这也是城乡二元结构给他们带来的制约，使农民工难以真正融入城市，农民的社会权利缺失。

作为城市中的重要组成部分，新生代农民工集体行动有其必要性与正当性。其一，法律授予了农民工集体行动的权利，因为他们的居住地状况关乎自身利益，农民工的政策建议也应被纳入决策之中。其二，新生代农民工的集体行动是构建和谐社会的需要，当公共政策的制定融入了农民工的想法，新的政策能够体现他们的诉求，那么就能有效化解矛盾，避免农民工的一些不良的集体行动例如群体性事件等。其三，新生代农民工这一主体的参与使得公共治理多元化，这是现代治理体系的诉求。

二　新生代农民工的行为方式

随着新生代农民工市民化进程的不断推行，城乡二元体制也发生了变化。二元户籍制度是新生代农民工制度内集体行动的一大阻碍，逐步打破城乡分割的过程中，新生代农民工加入到了集体行动中，那么究竟哪些因素影响了新生代农民工的集体行动呢？新生代农民工的集体行动占有如此重要的地位，那么农民工在集体行动中缺位的原因何在？是哪些因素影响了他们的集体行动？通过了解我们发现，现行的制度安排是一项重要的因素。由于现行体制的不完善，政府部门不愿意为新生代农民工考虑，他们也没有好的渠道建言献策，尤其是没有好的组织依托来为农民工争取利益。除却制度层面，从农民工自身来讲，我们得知新生代农民工的社会心理是一重要因素。新生代农民工的社会心理是指他们在社会生活中对社会政治关系以及其他社会政治现象的一种社会心理反应，包括一系列对社会关系的心理认知和心理感受、心理期望，等等。一方面，新生代农民工对政治知识的学习提高了他们对政府的认同感，增强了他们的维权意识，体现在行动上则是要求集体行动和主动维护自己的正当权益；另一方面，新生代农民工社会边缘化的现状难以在短期改变，他们现有的受教育水平无法正确理解社会政治问题，在城市中边缘化的待遇也可能使新生代农民工对社会信仰失去信心，即便有集体行动权，也无法正确使用。

　　新生代农民工的集体行动受到其生存环境的影响。新生代农民工集体行动在现实中有以下问题：参与的主体分散，个体性较强；参与的态度呈现出冷漠与热诚两极化；参与成本和效能反差大；参与的意识和能力存在偏离；制度化参与渠道虚置，非制度化参与扩大。新生代农民工的集体行动受到其心理的影响。高福海、李平、江雯的调查分析提出：城市高昂的生活成本、严格的户籍制度、冷漠的社会歧视等无形的门槛不断粉碎着他们的城市梦。城市文化耳濡目染又不断消解着他们对家乡存有的情感认同和社会记忆，生活方式的巨大差异也使他们渐渐不再适应农村的生活方式，甚至对这种生活方式有所反感。总之，比起新生代民工他们真正成了既融不进城，也回不了乡的边缘人。因此，他们无法规划自己的人生，走一步看一步，得过且过的心态相当盛行，其心理状况确实令人担忧。这样病态的心理极大程度上影响了集体行动。[①]

　　新生代农民工的集体行动受到其意识的影响。与上一代农民工相比，新生代农民工基本没种过地，对农村也不像父辈那般依恋。他们渴望融入城市，并为之挥洒汗水。他们努力想变得和城市里的同龄人一样，但受到经济收入、文化程度等种种因素制约，城市对于他们来说依然没有归属感，新生代农民工进城务工的目的已悄然改变，他们基本上不是基于"生存理性"外出，而是更多地将流动视为改变生活方式和寻求更好发展的契机。他们更迫切地渴望融入并移居城市，具有更强的平等意识和维权意识，等等。现实中城市生活的种种困境与融入城市并改变面朝黄土的命运的现实强烈冲突，是新生代农民工产生的种种意识强烈地影响着他们怎样进行集体行动。

　　新生代农民工的行为选择受到了多方面因素的共同影响。政治、心理、意识等因素都对新生代农民工的集体行动影响较大。新生代农民工参与投票选举活动，选出村委会代表，这是衡量新生代农民工集

[①]　高福海、李平、江雯：《新生代农民工心理状况的调查分析——以武汉经济技术开发区部分企业为例》，《中国青年研究》2012 年第 1 期。

体行动程度的一项重要指标，也是现代社会公民的一项重要责任。新
生代农民工除了进行公民的集体行动外，还参与到有关公共利益、公
共事务管理的事情当中，推动社会决策和活动实施的行动。李培林等
从新生代农民工的经济收入、生活压力和社会态度之间的关系研究了
新生代农民工的行为选择，新生代农民工更倾向于认为自己属于社会
的中层。心理上的自我认同也更加推进新生代农民工的集体行动。①

---

① 李培林、田丰：《中国新生代农民工：社会态度和行为选择》，《社会》2011 年第
3 期。

第二章　新生代农民工的集体行动及其社会心理禀赋

　　集体行动作为一种社会现象得到经济学、政治学、社会学的高度关注。虽然学术界涌现出大量的关于集体行动的研究成果，但是很少有人对集体行动进行概念的界定。其原因可能是集体行动的范围实在过于宽泛，对之进行概念的界定存在一定的难度。仅仅从字义上理解，集体行动可能是相对于个体行为而言，它指向那些多人共同采取的行动。该概念设定的条件有两个：一是人数多；二是共同的行动，这一行为和行动是多人共同进行的。

第一节　新生代农民工的集体行动：常规型和自主型

　　正如前文所言，学术界对集体行动并没有一个共识性的概念。奥利弗认为集体行动应该是"集团成员中共同或共享的利益"，"是指任何供给集体物品的行为"。[①] 巴泽尔认为集体行动是"许多人同时采取的行动"[②]。桑德勒认为："集体行动是指两人或者更多人之间的努力协调活动。因此，集体行动是促进成员利益或福

---

　　① Pamela E. Oliver, "Formal Models of Collective Action", *Annual Review of Sociology*, Vol. 19, 1993, pp. 272 – 273.

　　② Yoram Barzel, *A Theory of the State*, New York: Cambridge University Press, 2002, p. 114.

利的集团行动。"① 集体行动是一种有计划的行动；它通过政府部门和民众、工作单位与公众之间双向交流，使公民能参加决策过程并且防止和化解公民和政府机构与工作单位之间、公民与公民之间的冲突。从政策过程的角度来看，集体行动的内容可以分为三个层面：一是立法层面的集体行动，如立法听证和利益集团参与立法；二是公共决策层面，包括政府和公共机构在制定公共政策过程中的集体行动；三是公共治理层面的集体行动，包括法律政策实施，基层公共事务的决策管理等。新生代农民工的集体行动从内容上分主要有两种。第一种，从狭义上讲，集体行动即公民在公共活动中参与投票选举活动，包括所有关心公共利益、公共事务管理的人的参与推动决策过程的行动。第二种，从广义上讲，集体行动也包括公民通过群体性行动来表达利益和维护利益的活动。所以，我们把新生代农民工的集体行动分为两种类型：常规型集体行动和自主型集体行动。

一　常规型集体行动

根据前文的论述，多人共同采取的行动我们都可以称之为集体行动。所以集体行动是个非常广泛的概念。无论是第一代农民工还是新生代农民工，他们都要参与社区、雇佣单位的选举或投票活动，他们也会参与社区或者社会组织的一些集体活动，这些我们把它归纳为常规型集体行动。

常规型集体行动的目的是为了维护公共利益。应小丽在研究 H 村村民选举事件中发现，农民集体行动可以促进村社区经济社会的进步，并且可以推动政策和制度创新。② 邓燕华在研究村庄合并过程中发现，村庄的合并导致了村庄规模的扩大和社群异质性的增强，从而改变了村民集体行动的逻辑。在村委会选举中村民会以选举动员的方式来争取陌生村民的支持，他们会通过集体利益的宣传来实现对村庄

---

① Brian Barry, " Some Questions about Explanation ", *International Studies Quarterly*, Vol. 27, No. 1, 1993, pp. 19 – 25.

② 应小丽：《村民的集体行动逻辑与结果：以浙江省 H 村的一次选举事件为例》，《学习与探索》2009 年第 2 期。

村民的选举动员。① 所以，选举投票是农民或农民工都需要参与的一种集体行动。这种集体行动是我们政治生活的一部分，它是定期定点举行的。这些常规型集体行动是宪法和法律所规定的政治权利的具体行使。

常规型集体行动其主要目的更多地是为了维护公共利益。无论是村民选举还是合并村庄的村委会选举，目的都是为了增进村庄的公共利益。集体行动的目的是超出一般村民利益或者群体利益的，更多的是从村庄公共利益出发。而且，常规型集体行动是政治参与的一种方式，这种方式突破了国家和文化范围的边界，是现代民主的主要表现形式之一，所以具有很强的政治象征意义。

常规型集体行动是在外部规制条件下进行的。常规型集体行动是依据宪法和法律进行的，它带有很强的外部规制性。选举投票资格要在选举委员会审核通过后方可获得，选举投票的过程要在上级政府的指导和动员下进行，选举投票程序要严格遵守相关法律法规，选举投票结果要经过选举委员会的审核。所以，常规型集体行动带有很强的组织性、动员性和程序性。它更多的是我国基层民主的一种实现形式，体现的是国家意志在基层的实现。

常规型集体行动因为具有很强的组织性、动员性和程序性，所以它一般很难演化为越轨行为。但是，因为群体关系结构不同、外部环境不同、群体文化心理结构不同，常规型集体行动也会有一些差异。比如，因为单位制的规范性和陌生人社会的社会结构，城市的选举投票一般具有更强的秩序性和规范性。但是在乡村，因为宗族势力的存在、熟人社会的文化心理结构，因此乡村的投票选举更容易出现宗族操控和庇护性投票。

二　自主型集体行动

21 世纪初，中国的改革开放创造了一个新的工人阶级——农民工，他们越来越多地参与到各种形式的集体行动中。要估计集体行动的数量很困难，但官方给出的数据可供参考。据统计，1993—2005

---

① 邓燕华：《村庄合并、村委会选举与农村集体行动》，《管理世界》2012 年第 7 期。

年这类事件的数量从每年 1 万件增加到 8.7 万件（年均增长约20%），其中75%都是由工人和农民自发组织的。[①] 自 2005 年以后，因为官方不再公布群体性事件的数据，我们无法进行准确的统计，但是可以明显感受到群体性事件的数量在逐步下降，社会矛盾得到一定程度的控制。虽然近年来农民工群体性事件逐步下降，但是它只会逐步缓和，不可能完全消失。我们仍然不能掉以轻心，因为自主型集体行动对社会造成的影响更加深远。考虑到我国的社会情境，自主型集体行动主要有集体投诉、集体信访等几种形式。

自主型集体行动的目的是为了维护自身或群体利益。自主型集体行动不同于常规型集体行动，它的形成更多地是为了自身或自身群体的利益。常规型集体行动是为了社群或者国家的公共利益，它是公民民主权利的实现形式。但是自主型集体行动则未必是民主权利的范畴，它可能会超越权利的框架。所以，自主型集体行动维护的自身或群体利益可能存在两种情况。一种是当自身或群体的合法权益受到损害时通过集体行动的方式来维权；一种是人们为谋求更多的利益甚至是非法的利益而通过集体行动的方式对雇佣单位或基层政府施压。所以，我们可以把自主型集体行动细分为维权型集体行动和谋利型集体行动。

自主型集体行动是在内源动力上激发产生的。自主型集体行动的主要动力来自于群体内部。这些动力包括"气"、情感和利益，当然也包括一些权利的原因。应星发现了"气"即情绪在集体行动再生产过程中的作用机制，它表现为底层民众为获得人格尊严和底线承认的抗争。[②] 卢晖临、黄岭峻等发现新生代农民工的集体行动产生于以身份认同为基础的怨恨情感。[③] 无论是"气"还是"怨恨情感"，它一般都和利益受损息息相关，因为利益受损或者谋取利益的挫折感而引发

① 卢晖临、潘毅：《当代中国第二代农民工的身份认同、情感与集体行动》，《社会》2014 年第 4 期。

② 应星：《"气"与中国乡村集体行动的再生产》，《开放时代》2007 年第 6 期。

③ 卢晖临、潘毅：《当代中国第二代农民工的身份认同、情感与集体行动》，《社会》2014 年第 4 期；黄岭峻、张文雯：《从分散的个体不满到有组织的集体行动——农民工集体行动发生机制研究》，《华中科技大学学报》（社会科学版）2015 年第 6 期。

的一些不满情绪，激发民众集体动员产生集体行动来进行力量的博弈。

因为自主型集体行动是由内源动力激发的，所以自主型集体行动容易超越法律法规的制度化限制而成为越轨行动。而且，自主型集体行动不是一蹴而就的，它存在一个由中心到边缘、由个人到群体的行为扩散过程。在这个过程中，群体领袖通过心理刺激、情感动员以及利益捆绑等手段力促共意的达成，由点及面、由心理到行动，不断激发集体行动的动能。

第二节　新生代农民工的政治心理禀赋

政治心理是个宏大的概念，它包括政治认知、政治情感、政治动机、政治性格和政治信念四个层次。在政治学领域，国内外学者都积累了比较成熟的研究模式。相对而言，农民工的集体行动更多地受到他们的政治认知、政治情感、政治动机的影响。[①] 所以，本书的研究主要把政治心理集中在这三个方面，分别通过政治效能感、政府信任感、社会公平感和腐败认知等来对新生代农民工的社会心理及其对集体行动的影响机制进行分析。[②]

一　新生代农民工政治效能感

根据政治有效性和体制反应性的不同，政治效能感可以分为内在效能感和外在效能感。[③] 克瑞格称之为输入效能感和输出效能感，他发现输出效能感与信任的相关性要大大强于输入效能感与信任的相关性。[④]

---

① 李锋：《网络政治参与行为的政治心理机制分析——基于项目反应理论的测量》，《中共天津市委党校学报》2020 年第 2 期。

② 政治心理的概念层次多、范围广，各概念之间的边界也不是很清晰。而且因为它是个潜在的变量，对其进行定量测量存在较大的困难，尤其是我们的研究对象是低知识群体，对他们的政治心理进行全面测量更加困难，所以本书只选取了几个比较有代表性的社会心理内容进行研究。

③ Coleman, K. M. and Davis, C. L. "The Structural Context of Politics and Dimensions of Regime Performance: Their Importance for the Comparative Study of Political Efficacy", *Comparative Political Studies* 1976, 9（2）, pp. 189 –206.

④ Stephen C. "Craig. Efficacy, Trust, and Political Behavior: An Attempt to Resolve a Lingering Conceptual Dilemma", *American Politics Research*, 1979, 7（2）, pp. 178 –186.

有关研究发现，较高的政治效能感反映了政治行动者相信自己在政治活动中可以发挥较大的作用，而且也说明政治机构会更有效地回应公众对增进社会公平的诉求，因此，政治效能感与政治信任之间存在着直接的正向关联性①，尤其是外在效能感，许多研究表明，它与政府信任之间存在积极的较强的相关性。②

人们通常把政治效能感和政治信任联合起来考虑它们对政治行动的影响。它来源于甘姆森对两种政治疏离的分析：一种是源于政治无力感，没有能力获得政治影响；一种是政治不信任，不相信政府服务于自己的利益，并且这两种可能同时存在。③ 但这两个概念是不同的，前者是个人输入的信念，后者是体制输出的信念。④ 高度效能感—低度信任的结合会产生集体行动。

陈雪莲发现，我国地方干部的意识形态信任和制度信任高于对领导干部的人格信任，同时具有较高的政治效能感。官僚阶层对现行制度的高信任度和高政治效能感，是制度实现调试能力增长和保持可持续稳定的根基所在。⑤ 范柏乃等发现，政治面貌、集体行动行为、政治讨论行为和政治信任水平对于我国公民外在政治效能感的正面影响显著。⑥ 胡荣等发现，作为社会信任的两个因子，普遍信任和特殊信任均对外在效能感产生重要影响，但这种影响又有所区别：普遍信任增进外在效能感，而特殊信任却削弱了外在效能感。⑦ 袁浩等

---

① Uichol Kim, "Geir Helgesen, Byung Man Ahn. Democracy, Trust, and Political Efficacy: Comparative Analysis of Danish and Korean Political Culture", *Applied Psychology*, 2002, pp. 158 – 172.

② Stephen C. Craig, Michael A., "Maggiotto. Measuring Political Efficacy", *Political Methodology*, 1982, 8 (3).

③ William A. Gamson, *Power and Discontent*, Richard Dirwin, 1968, pp. 245 – 263.

④ Jeffery M. Paige., "Political Orientation and Riot Participation", *American Sociological Review*, 1971, 36 (5). pp. 268 – 282.

⑤ 陈雪莲：《地方干部的政治信任与政治效能感——一项以问卷为基础的研究》，《社会科学》2013 年第 11 期。

⑥ 范柏乃、徐巍：《我国公民政治效能感的影响因素研究——基于 CGSS2010 数据的多元回归分析》，《浙江社会科学》2014 年第 11 期。

⑦ 胡荣、沈珊：《社会信任、集体行动和公众的政治效能感》，《东南学术》2015 年第 3 期。

发现，在政治信任水平较低的群体中，政治效能感可以提升政治信任水平。而在政治信任水平处于中等水平的群体中，政治效能感在一定程度上会减弱社会公平感程度与政治信任之间的相关关系。在政治信任水平处于较高水平的群体中，政治效能感则会加强社会公平感和政治信任之间的相关关系。[①]

总体而言，社会信任越高，它会表现出越高的政治信任。建立在长期经济增长和生活富足基础之上的非体力劳动者逐渐形成的后物质主义或自我表达的价值观个体社会信任与政治信任之间的关系受到社会政治制度的调节。个体社会信任有助于建立合作的社会关系和具有合法性的政府，这又有助于为高水平的社会资本和发达的公民社会创造条件。与此类似，个体政治信任所构建的有效政治制度使政府能够良好运转，有助于提升政治资本为社会的繁荣创造条件。[②] 另有学者用中国、日本、新加坡、韩国、越南以及中国香港地区的数据研究表明，普遍信任与政治信任之间存在弱但积极的相关性。[③]

在俄罗斯和东欧一些国家，媒体独立与无政府组织信任积极相关。[④] 在荷兰，无政府组织信任与高度的普遍信任有关。[⑤] 在中国，高度的政治信任有助于维持较高的社会信任。经济绩效以及因之带来的生活水平的提高增强了政治信任，也间接地提高了社会信任水平。[⑥]

资源支持也是提升公众对社会组织信任的重要途径，如果社会组织能够获取更多来自政府和其他方面的资源，那么它更能够获得公众

---

① 袁浩、顾洁：《社会公平感、政治效能感与政治信任——基于 2010 年中国综合社会调查数据的分位数回归分析》，《甘肃行政学院学报》2015 年第 2 期。

② Newton, Kenneth, "Trust, Social Capital, Civil Society, and Democracy", *International Political Science Review*, 22（2），2001，pp. 201 – 214.

③ Tan, Soo Jiuan, "Siok Kuan Tambyah. Generalized Trust and Trust in Institutions in Confucian Asia", *Social Indicators Research*, 2011, pp. 357 – 377.

④ Taedong Lee, Erica Johnson, "Aseem Prakash. Media Independence and Trust in NGOs", *Nonprofit and Voluntary Sector Quarterly*, 2012, 41（1），pp. 8 – 35.

⑤ René Bekkers, "Trust, Accreditation, and Philanthropy in the Netherlands", *Nonprofit and Voluntary Sector Quarterly*, 2003, 32（4），pp. 596 – 615.

⑥ Ran Tao, Dali L. Yang, Ming Li, Xi Lu, "How does Political Trust Affect Social Trust? An Analysis of Survey Data from Rural China Using an Instrumental Variables Approach", *International Political Science Review*, 2014, 35（2），pp. 237 – 253.

的信任。尽管人们对于体制内组织的信任高于体制外组织，但是总体上，人们普遍缺乏对于社会组织的信任，尤其是对体制外组织的信任程度更低一些。其中，人们对体制内教育组织的信任程度最高，其他依次是政府性组织、体制内企业组织、体制外企业组织。① 人民团体作为与党政机构密切相关的社会政治组织，人们对它们的信任与政府体制的信任紧密相关。

通过上述文献的回顾，我们知道政治效能感可以分为内部政治效能感和外部政治效能感两个维度。本书对政治效能感的测量采用了国际普遍使用的问题项，即外部政治效能感 3 个问题项，内部政治效能感 2 个问题项。本调查问卷答案均采用李克特 4 点量表对民众的政治效能感高低进行登记划分，即完全同意赋值 1 分，比较同意赋值 2 分，比较反对赋值 3 分，完全反对赋值 4 分，分数越高，说明政治效能感越高。

本书在研究农民工的政治效能感与政府信任之间关系时，也首先对测量政治效能感的 5 个问题进行了降维处理，通过这 5 个问题对农民工的政治效能感进行测量，并按其认可程度在 1—4 分中进行选择评价（1—4 分别代表完全同意、比较同意、比较反对、完全反对），分值越高，表示政治效能感越强。

具体政治效能感测量题目如表 2 - 1 所示。

表 2 - 1　　　　　　　　　政治效能感 4 点量表

您是否同意以下观点	完全同意	比较同意	比较反对	完全反对
政府及其官员为我这样的人解决问题	1	2	3	4
像我这样的人，我认为政府在乎我的想法是什么	1	2	3	4
这么多人在选举中投票，我认为政府会在乎我的投票	1	2	3	4

---

① 张云武：《社会资本与组织信任的实证研究》，《中共浙江省委党校学报》2013 年第 4 期。

续表

您是否同意以下观点	完全同意	比较同意	比较反对	完全反对
政府的工作太复杂,像我这样的人很难明白	1	2	3	4
像我这样的人,对政府的作为有影响力	1	2	3	4

　　从总体测量来看,如表2-2所示,政治效能感的均值为2.258,中值为2.20,众数为2.20,均低于平均水平,这就说明农民工的政治效能感整体偏低。

表2-2　　　　　　　　　**农民工政治效能感描述统计表**

样本	有效	5317
	缺失	4
描述统计	均值	2.258
	中值	2.20
	众数	2.20
	标准差	0.493
	方差	0.243

　　具体从内部政治效能感与外部政治效能感来看,如表2-3所示,从均值和中值上可以看出,内部政治效能感的均值(2.239)和外部政治效能感的均值(2.284)相差不大,并且中值均为2.00,这说明总体上农民工的内外部政治效能感相差不大;在总体得分中,对内外部政治效能感的测量中,由于受访者不知道该如何回答或者拒绝回答等情况造成了信息缺失人数相同,但是由于外部政治效能感的均值要略高于内部政治效能感,所以最终外部政治效能感得分要高于内部政治效能感。

表2-3　农民工内部政治效能感＆外部政治效能感描述统计表

描述统计	样本	内部政治效能感	外部政治效能感
	有效	5319	5319
	缺失	2	2
均值		2.239	2.284
中值		2.00	2.00
众数		2	2
标准差		0.742	0.663
方差		0.550	0.440

另外，据表2-4、表2-5数据显示，从具体5个测量农民工政治效能感的问题来看，农民工对于内外部政治效能感问题的回答中，普遍都集中于"比较同意"选项（有效百分比分别为41.0%、41.2%、35.3%、50.9%、50.2%），通过问题设计及赋值可知，农民工在政治效能感的测量中表现出相对较低的认可度，简而言之，农民工的政治效能感普遍偏低。

表2-4　　　　　　　　　外部政治效能感统计测量表

外部政治效能感	评价	频率	百分比（%）	有效百分比（%）	累积百分比（%）
Q1	完全同意	1251	23.3	23.3	23.3
	比较同意	2202	41.0	41.0	64.4
	比较反对	1603	30.4	30.4	94.8
	完全反对	265	5.2	5.2	100.0
	合计	5321	100.0	100.0	
	缺失	0	0		
Q2	完全同意	1252	23.3	23.4	23.4
	比较同意	2211	41.2	41.4	64.8
	比较反对	1609	29.9	30.0	94.8
	完全反对	249	5.2	5.2	100.0
	合计	5321	99.6	100.0	
	缺失	2	4		

续表

外部政治效能感	评价	频率	百分比（%）	有效百分比（%）	累积百分比（%）
Q3	完全同意	1071	20.0	20.0	20.0
	比较同意	1892	35.3	35.3	55.2
	比较反对	1733	32.6	32.6	87.9
	完全反对	625	12.1	12.1	100.0
	合计	5321	100.0	100.0	
	缺失	0	0		

表2－5　　　　　　　　　内部政治效能感统计测量表

内部政治效能感	评价	频率	百分比（%）	有效百分比（%）	累积百分比（%）
Q4	完全同意	855	15.9	15.9	15.9
	比较同意	2733	50.9	51.0	66.9
	比较反对	1462	27.2	27.3	94.2
	完全反对	269	5.8	5.8	100.0
	合计	5320	99.8	100.0	
	缺失	1	2		
Q5	完全同意	577	10.6	10.7	10.7
	比较同意	2689	50.2	50.3	60.9
	比较反对	1811	33.8	33.8	94.8
	完全反对	243	5.2	5.2	100.0
	合计	5320	99.8	100.0	
	缺失	1	0.2		

总体而言，在对农民工内外部政治效能感的描述性统计中，农民工整体政治效能感偏低，其中，内外部政治效能感虽相差不大，但外部政治效能感还是要略高于内部政治效能感。

二　新生代农民工的政府信任和腐败认知

我国长期以来的经济发展带来了农民工价值观的重大转变，集中表现为从第一代农民工优先强调收入的"物质主义"价值观向新生代农民工更为注重"生活质量和社会质量"的"后物质主义"价值观转型，以及从强调"生存价值"向强调"自我表达价值"的转型，也即前文提及的从摆脱"绝对贫困"到摆脱"相对贫困"状态的转变。学者李艳霞指出，当代中国公众"后物质主义"的价值倾向呈现出较为明显的"代际增长"和"时代增长"趋势，而公共政治信任水平呈现出总体"下降趋势"。"后物质主义"价值观对政府信任有明显的负面影响。① 尽管从目前来看，在2020年中国实现全面小康社会的奋斗目标的背景下，摆脱"绝对贫困"仍是当前经济与社会发展的核心，但关注民众尤其是农民工这一特殊群体的"相对贫困"状态的发展也应提上日程。当前我国正处在转型期，研究农民工政府信任与腐败认知的代际差异对于增强政府合法性、提升政府的公信力及维持社会稳定具有深刻意义。

当前国内外关于农民工政府信任的研究主要集中在农民工政府信任的含义、重要性、来源、影响因素、政府信任不足的原因及其解决措施上。广义的政府信任在很大程度上等同于政治信任，往往指对政治系统的信任；狭义的政府信任指的是对政府组织及其行为的信任。有学者指出，政府信任实际上是一种交互的耦合关系，既表现出农民工对政府的信任，又表现出政府对农民工的信任②，当前政府对农民工处于一种不信任状态，认为农民工是城市治安管理的主要监控对象。本书主要从农民工角度探究农民工的政治态度变化，故而本书中的政府信任主要表现为农民工对政府单个行为主体信任的单向关系，在我国，这种政府信任实际上表现为政府公信力。奥弗和吉登斯认为，信任是节约权力和成本的重要手段，可以有效消除公众生存的焦虑，减少政府与公众之间的距离感，也可以降低行政成本，提高行政效率，促进社会有序运作。③

政府信任来源解释包括强调政府绩效对民众政府信任影响的政府绩效理论，民众对政府绩效的主观认知是影响民众对政府信任的决定

---

① 李艳霞：《"后物质主义"价值观与当代中国公众的政治信任——以代际差异为视角的比较分析》，《公共管理学报》2017年第3期。

② 谢治菊：《农民政府信任的实证调查与逻辑建构》，人民出版社2015年版，第165页。

③ ［英］安东尼·吉登斯：《现代性的后果》，田禾译，译林出版社2011年版，第89页。

因素；强调媒介使用的政治传播理论，新旧媒体的使用影响不同代际间农民工对政府的信任；强调传统的权威主义价值观对农民工政府信任影响的政治文化因素，即文化生成论，不同代际的农民工所受的权威主义价值观影响强度不同，造就在政府信任上存在差异，整体呈现从"村民型"到"臣民型"的"要我信"、"政府是否在做正确的事"再到新生代农民工"参与型"的"我要信"①、"政府是否正确地做事"② 态度演变。③ 在代际间农民工政府信任的影响因素除了政府绩效、新旧媒体的使用、权威主义价值观的影响程度外，有学者指出，应当还包括年龄、教育程度等背景变量。教育程度越高的年轻人容易对政府持批判态度。政府的廉洁程度及农民工的腐败认知也会对农民工的政府信任造成极大程度的影响。中国特色社会主义进入新时代，社会主要矛盾已经转化为人民日益增长的美好生活需要和不平衡不充分的发展之间的矛盾，民众蓬勃增长的需求和对政府越来越高的期望却往往因为政府掌握资源的减少落空，而这种社会期望的实现程度恰恰是农民工信任度参考的基础。农民工对经济表现的不满、政府及政治人物的失范行为、城市的"推力"、相对剥夺感④、媒体的"放大镜"报道⑤、"距离悖论"与"反距离悖论"现象⑥等使得农民工对政府表现评价低落。在体制内惯例不能满足农民工的利益诉求时，在"后物质主义"价值观的引导下农民工往往选择体制内非惯例化利益表达途径或体制外惯例化利益表达途径将事情"闹大"以求得个人利益诉求的解决，基于此农民工遇到困难首先想到的不是政府而是自己的社会资本如自己的亲朋好友，而这也相应地导致地方性

---

① 李艳霞：《何种信任与为何信任》，《公共管理学报》2014 年第 2 期。
② 张成福、边晓慧：《重建政府信任》，《中国行政管理》2013 年第 9 期。
③ 卢春龙、严挺：《中国农民政治信任的来源：文化、制度与传播》，社会科学文献出版社 2016 年版，第 256 页。
④ 易承志、刘彩云：《政治信任、相对剥夺感与群体性事件参与——基于 CGSS 2010 数据分析》，《广东行政学院学报》2017 年第 4 期。
⑤ 张成福、边晓慧：《重建政府信任》，《中国行政管理》2013 年第 9 期。
⑥ 张晓军、刘太刚、吴峥嵘：《政府信任的距离悖论：中美两国为何反向而行？——基于"承诺—兑现"的信任生成机制的分析》，《天津行政学院学报》2016 年第 1 期。

群体性事件的产生，我国等级政府信任结构和群体性事件的发生有着重要关联。

农民工的政府信任与其对政府腐败程度的认知息息相关。相较于普通民众，自身带有不稳定因素的农民工对政府腐败程度的认知对于社会稳定显然有更为重要的影响。腐败是降低农民工对政府机构信任、降低政权合法性最主要的因素之一，甚至有学者指出，政府腐败状况是影响政府公信度的决定性因素。[①] 新媒体时代下外在的信息接触会对个体意识形态的形成产生重大影响，相对于政府控制下的官方媒体的正面说法，民众对于非官方媒体具有争辩性的说辞信任程度更高，这些信息渠道对民众的政府支持往往会造成负面影响，而民众对于政府腐败的认知恰恰受到来自这些反映政府正面和反面形象的信息影响，而不是反映政府正面光辉形象的官媒。在非官方媒体报道中，越来越多腐败案件的曝光引发了民众对政府的怀疑，也引起了民众对政府的不满。即便没有真实的腐败行为，"外观腐败"即腐败现象也会导致公民对政府的强烈质疑与不满。[②] 与没有腐败经历的个体相比，有过腐败经历的个体会更倾向于认为政府是腐败的，同时认为政府的反腐败能力更弱，对政府的反腐败满意度也更低[③]，其感知到的清廉水平越低。[④] 尽管腐败感知无法代替腐败真实状况[⑤]，两者之间可能存在巨大的鸿沟，但前者，即受"腐败传说"影响下的腐败感知比后者具有更大的社会影响力。[⑥] 学者吴进进指出，提高公共服务绩效能够有效弥补反腐不力对政府信任的消极影响，但腐败

① 王丛虎：《政府公信度与腐败认知度的关系——兼评透明国际 CPI 排名方法》，《教学与研究》2014 年第 6 期。

② 张成福、边晓慧：《重建政府信任》，《中国行政管理》2013 年第 9 期。

③ 李辉、孟天广：《腐败经历与腐败感知：基于调查实验与直接提问的双重检验》，《社会》2017 年第 6 期。

④ 倪星、孙宗锋：《政府反腐败力度与公众清廉感知——基于 G 市的实证分析》，《政治学研究》2015 年第 1 期。

⑤ 肖汉宇、公婷：《腐败研究中的若干理论问题——基于 2009—2013 年 526 篇 SSCI 文献的综述》，《经济社会体制比较》2016 年第 2 期。

⑥ 袁柏顺：《公众腐败感知与腐败的民间传说——基于 C 市城区公众腐败感知调查的一项研究》，《公共行政评论》2016 年第 3 期。

对政府信任的影响并不能完全依靠提高政府公共服务绩效和满意度来挽救①，而应从根本上加大反腐倡廉工作的力度，建设廉洁政府。综合人们对政府的认知和感觉，加大政府透明度有助于维持现有的信任水平。②

表 2 - 6　　　　第一代与新生代农民工政府信任与腐败认知状况

	农民工的政府信任（%）				
	完全不信任	不太信任	有些信任	非常信任	备注：（有限信任）
第一代	4	23.4	42.9	29.1	66.3
新生代	4.2	24.7	49.4	21.7	74.1

	农民工的腐败认知（%）				
	非常腐败	比较腐败	比较廉洁	非常廉洁	均值（1—4分）
第一代	11.4	42.3	35.4	10.3	2.434
新生代	15.6	36.1	40.0	8.1	2.402

从整体看，两代农民工的政府信任程度介于完全不信任和非常信任之间，属于弱信任，这一信任程度并不是政治态度模糊，而是一种理性的政府信任，"有些信任"始终比"不太信任"的占比要高，表示农民工的这种政府信任是积极的理性怀疑，从有限信任的占比来看，新生代农民工对于政府持更高的理性怀疑态度；两代农民工在政府腐败方面评价较低，均值均小于2.5，认为政府非常腐败和比较腐败的农民工都占到了一半以上，新生代农民工腐败认知均值小于第一代农民工，对政府腐败呈现更低的评价。

---

　　① 吴进进：《腐败认知、公共服务满意度与政府信任》，《浙江社会科学》2017年第1期。
　　② ［荷兰］史蒂芬·格雷姆里克怀森、庞诗等：《透明度、认知度和公民对政府信任度的关联性：实证分析》，《国际行政科学评论》（中文版）2013年第1期。

第三章 新生代农民工社会心理对常规型集体行动的影响

农民工是我国改革开放和社会转型过程中出现的一个特殊群体。近年来，群体性事件的频发使得农民工的集体行动问题越来越受到关注，对农民工集体行动现状的研究是有必要的。根据国家统计局抽样调查结果，2015年农民工总数为27747万人，比上年增加352万人，增长1.3%。而新生代农民工占比将近半数，已逐渐成为新时期外出务工的主力军。农民工群体处在不断的发展变化中，以代际差异比较的视角进行分析，能够观察出两代农民工不同的个性以及集体行动行为的发展和变化情况。农民工群体仍在发展壮大，我们不能忽视这一庞大群体的政治权利和政治诉求，若这一庞大群体在社会领域集体失语，将会威胁社会秩序的稳定。本书通过对两代农民工集体行动现状进行测量分析与对比，力图发现农民工的社会心理禀赋对其集体行动的影响。

第一节 农民工政治效能感和社会公平感对常规型集体行动的影响

农民工这一庞大而特殊的群体的集体行动水平影响着我国政治文明建设进程，也关乎着社会稳定和发展的重大现实问题。亨廷顿认为："在处于现代化之中的社会里，扩大政治参与的一个关键就是将乡村群众引入国家政治。"[1] 保证农民工的声音能被政府、其他

---

① ［美］塞缪尔·P.亨廷顿：《变化社会中的政治秩序》，王冠华等译，生活·读书·新知三联书店1989年版，第69页。

阶层听到，保证他们能够作为一股政治力量参与到社会政治中来，保障农民工的权益，只有这样，农民工问题才能得到缓解。

一 政治效能感和社会公平感：概念和理论

本书希望通过对两代农民工的集体行动现状进行量化分析并进行对比，尝试用更开阔的视野看待农民工问题，并试图通过对农民工政治心理的调适来引导新生代农民工的集体行动，促进农民工有序参与公共政治生活，为有效提高我国政治文明建设水平，从而推进农民工城市融入的进程、促进社会的和谐稳定，同时也为我国基层民主的发展提供借鉴。

农民工一出现就以其身份的特殊性受到了学者的关注，农民工的集体行动问题已经成为学者关注的焦点，我国学者对农民工集体行动的问题展开了一系列研究，并且取得了一定的成就。《中国农民工考察》作为研究农民工的专著，对农民工的产生、发展演进和现实情况都进行了全面的介绍。[①] 对于农民工集体行动问题，邓秀华提出农民工的集体行动模式变迁呈现出新态势，即从无序向有序发展、注重集体行动的实际效能、注重集体行动"投入与产出"的比率。[②] 也有学者从代际差异的视角对农民工的维权行为及其影响因素进行研究，李琼英通过实证考察分析珠三角农民工参加集体行动的代际差异，结果发现：新生代农民工客观的集体行动参与和主观的集体行动参与意愿均高于第一代农民工；当面对未来自身权益和亲朋好友老乡同事权益受损时，两代农民工集体行动的参与意愿都很高，并且新生代农民工的参与意愿更高。[③]

关于影响集体行动因素的研究由来已久，亨廷顿在其著作中就提出了教育水平与集体行动之间具有相关性，其他学者的后续研究也得出了相同的结论。邓秀华通过对长沙、广州两市的农民工进行调查发

---

① 余红、丁骋骋：《中国农民工考察》，昆仑出版社 2004 年版，第 24 页。
② 邓秀华：《农民工政治参与模式变迁及其实现路径选择》，《求索》2007 年第 2 期。
③ 李琼英：《农民工集体行动参与的代际差异性实证分析——基于珠三角的调查数据》，《学术界》2013 年第 7 期。

现，偏低的文化水平严重制约了他们参与城市社区政治的广度和深度，通过相关分析邓秀华还得出自我社会地位评价越高，其政治态度越积极，相反就越消极的结论。[①] 王永庆提出了制约农民工集体行动的因素之一就是农民工的社会地位。[②]

政治信任是指公民对政府的支持和信任，是政府合法性的来源。学界对于政治信任与集体行动的实证研究已经取得一定的成果，余敏江和梁莹以南京市为例进行实证研究后发现：公民对政府的信任度与公民参与意识直接有密切的关联且呈正相关关系。[③] Brockner 和 Wiesenfeld 经过研究也发现政治信任是增强集体行动的积极动力。[④] 但也有研究指出，政治信任与集体行动呈负相关。王丽萍和方然的调查结果指出对机构信任高的中国人投票率反而低。[⑤] 胡涤非基于广东惠州 P 村的实证研究结果发现村民对乡政府的信任与集体行动行为呈负相关，且这种信任对其行为解释力度不大[⑥]，即政治信任与参与行为之间的联系是微弱的。还有一种观点认为政治信任与集体行动在实证上并不存在联系。[⑦]

研究集体行动不得不提的是政治效能感，西方学者很早就研究了政治效能感，不过都是针对西方的研究，对我国是否能得出一致的结

① 邓秀华：《长沙、广州两市农民工政治参与问卷调查分析》，《政治学研究》2009年第 2 期。

② 王永庆：《农民工集体行动制约因素及对策探析》，《哈尔滨学院学报》2005 年第 5 期。

③ 余敏江、梁莹：《政府信任与公民参与意识内在关联的实证分析——以南京市为例》，《中国行政管理》2008 年第 8 期。

④ Brockner, J., & Wiesenfeld, B. M., "An integrative Framework for Explaining Reactions to Decisions: Interactive Effects of Outcomes and Procedures", *Psychological Bulletin*, 1996, 120. (2), pp. 189 – 208.

⑤ 王丽萍、方然：《参与还是不参与：中国公民政治参与的社会心理分析——基于一项调查的考察与分析》，《政治学研究》2010 年第 2 期。

⑥ 胡涤非：《村民政治信任及其对村级选举参与的影响——基于广东省惠州市 P 村调查的实证研究》，《暨南学报》（哲学社会科学版）2010 年第 3 期。

⑦ Jack Citrin, "Comment: The Political Relevance of Trust in Government", *American Political Science Review*, 1974, 68 (3), pp. 973 – 988. Mitchell A. Seligson. Trust, "Efficacy and Modes of Political Participation: A Study of Costa Rican Peasants", *British Journal of Political Science*, 1980, 10 (1), pp. 75 – 98.

果有待进一步验证。通过分析与总结，政治效能感主要是指公民主观上认为自己的行为对政府所能产生的影响大小和与其他人相比自己的政治能力如何。美国密歇根大学调查研究中心（SRC）还设计出了测量政治效能感的方法。政治效能感可以说是一种政治认知能力，包括对自我政治影响力的认知和自我政治理解力的认知。对于这种主观能力与集体行动的关系，阿尔蒙德等指出一个人越把自己看作主观上有能力，就越有可能在政治上是积极的。[1] 反之，认为自己政治能力低的个体参与政治活动的意愿较低。国内学者邓秀华经过研究指出，政治效能感弱影响了农民工政治参与的积极性，进而在主观因素上影响了农民工的集体行动行为。[2]

简单来说，集体行动受到个人自身的社会地位、自身对政治的信任、自身的政治能力以及受教育水平和文化程度相对较低等因素的影响。目前国内对农民工集体行动的研究较多，成果丰富，但是建立在第一手资料上的对农民工集体行动的代际比较研究仍较少。农民工群体处在不断的发展变化中，对他们的集体行动进行考察并分析其中的变化是值得重视的。本课题拟通过从农民工的社会地位、政治信任和政治能力三方面探讨其对政治表达、权利行使和利益诉求行为的影响。

公民的集体行动是民主制社会的重要特征，公民的集体行动程度和水平越高，国家民主政治发展程度就越高。美国学者亨廷顿和纳尔逊则将集体行动解释为"平民试图影响政府决策的活动"[3]。除此之外，巴恩斯、威廉·F. 斯通等学者将公民对政治知识的涉足比如阅读与政治相关的报刊与书籍，追踪报纸和电视报道纳入集体行动范畴。[4] 在当今的网络时代，在网络追踪与政治相关的信息或发表与政治

① ［美］加布里埃尔·A. 阿尔蒙德、西德尼·维巴：《公民文化——五国的政治态度和民主》，马殿君、阎华江、郑孝华、黄素娟译，浙江人民出版社 1989 年版，第 2 页。

② 邓秀华：《长沙、广州两市农民工政治参与问卷调查分析》，《政治学研究》2009 年第 2 期。

③ ［美］S. 亨廷顿、J. 纳尔逊：《难以抉择——发展中国家的政治参与》，汪晓寿等译，华夏出版社 1987 年版，第 5 页。

④ 参见杨光斌《政治学导论》，中国人民大学出版社 2000 年版，第 231 页。

相关的言论也属于集体行动。而由政府主持的政治选举活动是公民直接参与政治过程的表现，其投票行为能直接影响选举结果。但于建嵘认为，参加选举的农民并不认为选举投票对他们的自身利益很重要，他们寻求的是"做事公道"。[①]

国内外学者对信任影响因素展开了较为广泛的研究，但从社会公平的角度进行研究的实证分析并不多见。所谓社会公平，是指在一定范围内通过对社会角色及其权利和义务的公平合理分配，使社会中每一个成员都能够得其所应得。[②] 在过程中，公平指拥有平等的机会与平等的权利，在结果上，公平指公民之间经济平等与地位平等。社会公平感是个体对机会、社会资源等分配情况的感知和评价。

根据各学者的研究，可以将社会公平感划分为宏观层面和微观层面。宏观层面上，公平感反映的是公民对社会公正现状的评价与态度，是人们对社会财富分配状况的公平体验，对政治、社会事务参与程度的看法以及在比较基础上所产生的心理感受；微观层面上，公平感是人对现实生活中公平问题的感受，是伴随公平与否而出现的情绪体验。不同的学者对于社会公平问题的解释也存在着差异，根据弗里德曼的观点，社会公平可以分为结果公平和机会公平，机会公平是实行公平的根本途径。

国内部分学者从社会公平的不同维度对其与信任之间的关系进行了研究。杜海峰等探讨了中国农民工的公民权意识和公平感对政府信任的作用机制，结果表明：公平感是影响农民工信任流入地政府的最主要因素；公民权意识对公平感作用于政府信任有明显的调节效应。[③]张海良等利用CGSS2010的调查数据对人际信任和社会公平对政府信任的影响进行研究，结果表明社会公平的三个维度（整体社会公平感知、自身收入公平感知、是否受到政府工作人员的不公正对待）对普遍信任均存在显著影响；而普遍信任与政府信任之间存在显著正相

①　于建嵘：《岳村政治》，商务印书馆 2001 年版，第 52 页。

②　江畅、王献良：《论公正及其与自由、平等的关系》，《湖北经济学院学报》2003年第 1 期。

③　杜海峰、刘茜、任锋：《公平感对农民工流入地政府信任的影响研究——基于公民权意识的调节效应分析》，《西安交通大学学报》（社会科学版）2015 年第 4 期。

关；在普遍信任一定的情况下，社会公平与政府信任存在显著正相关关系，即增强社会公平感对提升居民的政府信任水平具有重要意义。[①] 朱博文和许伟则从结果公平和机会公平这两个维度研究了居民社会公平感与普遍信任之间的关系，研究发现社会公平感中的机会公平变量与普遍信任之间有明显的正相关关系，而大部分结果变量与普遍信任之间则无显著相关。[②] 本书所涉及的社会公平感也主要从结果公平和机会公平这两方面进行分析。

综上所述，中国的公民集体行动形式是多种多样的，与官员面谈或电话沟通、写信或信访、参加选举活动或公共事务、为了表达利益诉求和维护自己的合法权益而向单位领导反映或向政府相关部门投诉等都是集体行动的形式。

二　数据来源、样本描述和研究假设

本书研究数据来源于笔者借鉴前人的研究成果，围绕农民工社会政治意识行为，分别到武汉、惠州、成都、重庆等地对农民工展开的实地问卷调查以及走访，在火车站、工厂、公园等农民工可能休憩的地方进行随机抽样，共收回问卷 5627 份，有效问卷 5321 份。其中第一代农民工共 1895 份，新生代农民工共 3426 份。该问卷为结构化问卷，问卷共分为十二组题，涉及农民工的个人基本情况、自我社会地位认知、集体行动、政治影响力、自身政治认知能力和政治信任等。对收回的有效问卷建立数据库并进行编码处理，运用 SPSS 21.0 软件对数据进行处理和分析。数据以年龄 36 岁为界限分为两类比较分析，36 岁及以下划分为新生代农民工，36 岁以上划分为第一代农民工。现将本次调查的样本基本情况描述性分析列表如表 3 - 1 所示。

从表 3 - 1 中可以看出，新生代农民工男性占比远高于女性；年

---

① 张海良、许伟：《人际信任、社会公平与政府信任的关系研究——基于数据 CGSS2010 的实证分析》，《理论与改革》2015 年第 1 期。

② 朱博文、许伟：《我国居民社会公平感与普遍信任关系研究——基于 CSS2013 的实证分析》，《湖北社会科学》2016 年第 7 期。

龄 17—26 岁、27—36 岁占比较高，这两个年龄段符合新生代农民工的年龄结构；教育程度以初中及以上为主，其中初中和本科及以上占比较高，文盲和小学的占比很小；未婚数高于已婚；父母打工的较多，占比达四成；加入老乡会的很少；政治面貌群众居多，团员占比也较多，党员最少；打工工龄在 1—2 年居多；月收入在 3000—5000 元居多，3000 元以下占比较小，表明调查者的整体收入处于中等偏高水平；户籍形式仍是农村户口占绝大多数，拥有居住证的很少。

表 3 – 1　　　　　　　　新生代农民工基本情况描述性分析

	项目	百分比（%）		项目	百分比（%）
性别	男	75.1	政治面貌	群众	51.8
	女	24.6		党员	11.5
年龄	17 岁以下	1.2		团员	32.5
	17—26 岁	51.2	打工工龄	1—2 年	24.6
	27—36 岁	48.8		3—4 年	14.5
教育程度	文盲	1.5		5—6 年	17.8
	小学	4.1		7—8 年	9.8
	初中	26.3		9—10 年	8.0
	中专	10.9		10—15 年	15.7
	高中	14.5		16—20 年	2.7
	大专	18.9		20 年以上	0.9
	本科及以上	23.4	月收入	3000 元以下	16.3
婚姻状况	已婚	40.5		3000—5000 元	38.8
	未婚	56.2		5000—7000 元	22.5
父母打工	是	42.0		7000—9000 元	8.0
	否	51.8		9000—11000 元	2.4
加入老乡会	是	11.9	户籍形式	农村户口	88.1
	否	81.3		居住证	11.3

从表 3 – 2 中可以看出，第一代农民工男性占比远高于女性；年龄 37—46 岁占比最高，教育程度以初中及以下为主，本科及以上占比很低；已婚数高于未婚；父母打工的很少；加入老乡会的很少；政

治面貌群众居多，团员和党员都较少；打工工龄在 10 年以上居多；月收入在 3000—5000 元居多，3000 元以下占比较小，表明调查者的整体收入处于中等偏高水平；户籍形式 80.1% 是农村户口，拥有居住证的很少。

表 3 - 2　　　　　　　　　第一代农民工基本情况描述性分析

	项目	百分比（%）		项目	百分比（%）
性别	男	71.4	政治面貌	群众	71.4
	女	28.6		党员	12.8
年龄	37—46 岁	54.6		团员	10.7
	47—56 岁	36.7	打工工龄	1—2 年	7.7
	57 岁以上	8.7		3—4 年	4.1
教育程度	文盲	4.1		5—6 年	4.1
	识字未上学	3.1		7—8 年	4.6
	小学	15.8		9—10 年	4.1
	初中	40.8		10—15 年	14.3
	中专	8.7		16—20 年	17.9
	高中	12.8		20 年以上	40.3
	大专	10.2	月收入	3000 元以下	22.4
	本科及以上	3.6		3000—5000 元	43.4
婚姻状况	已婚	88.8		5000—7000 元	18.4
	未婚	7.1		7000—9000 元	8.2
父母打工	是	10.2		9000—11000 元	1.0
	否	84.2		11000 元以上	2.0
加入老乡会	是	12.8	户籍形式	农村户口	80.1
	否	75.5		居住证	19.9

农民工群体随着时间的推移，处在不断的发展变化中，表 3 - 3 对两代农民工的一般特征进行了比较。经过时间的推移，农民工发展到新生代，男性占比仍高于女性；17—36 岁的年龄结构符合新生代农民工的特点；未婚比例偏高；受过本科及以上教育的农民工占比增加，受教育程度较高；新生代农民工的父母打工较多（42.0%），因为他们的父母很有可能就是第一代农民工，而第一代农民工，其父母

打工很少是自然的；农民工群体的政治面貌仍是群众居多；新生代农民工打工工龄较短；月收入仍然是3000—5000元居多，但新生代农民工月收入3000元以下的比较少，说明经过时间的发展，农民工的收入由低逐渐向高发展。

表3-3　　　　　　　　　　两代农民工一般特征的比较

	新生代农民工	第一代农民工
性别	男性占比远高于女性	男性占比远高于女性
年龄	36岁以下	36岁以上
婚姻状况	未婚比例偏高	已婚比例偏高
教育程度	本科及以上占比比较高	本科及以上占比很低
父母打工	父母打工的较多	父母打工的很少
加入老乡会	很少	很少
政治面貌	群众居多	群众居多
打工工龄	10年以下占多数	10年以上占多数
月收入	3000—5000元居多，3000元以下相对较少	3000—5000元居多，3000元以下相对较多
户籍形式	大多数仍是农村户口	大多数仍是农村户口

三　变量的选取与描述

本研究采用问卷调查得来的数据，考察农民工社会心理禀赋对其集体行动的影响。通过因子分析选取政治表达、权利行使和利益诉求为集体行动因变量，自变量具体反映在表3-4，包括变量名称、样本数等。

表3-4　　　　　　　　　　政治效能感问题项

变量名称	样本数
像我这样的人，对政府的作为有影响力	5321
像我这样的人，我认为政府在乎我的想法是什么	5321
这么多人在选举中投票，我是否投票无关紧要	5321

变量名称	样本数
对中国所面临的一些重大政治问题，我觉得自己不太了解	5321
我认为中国大部分的人，都比我更知道政治和政府的事	5321

（一）集体行动现状描述

集体行动是公民通过各种合法的或非法的、政府主持的或人民发起的、自愿的或被动的方式参与到政治过程。本节设计了农民工集体行动的三个指标，即"联名向人大代表、政协委员提意见""在村（居）委会选举中去投票"和"参与老家或工作单位的公共事务"。结果显示 KMO 检验值为 0.808，大于 0.5 且接近 1，Bartlett 球形度检验近似卡方统计值为 2150.303，其显著性水平（Sig. 值）达到 0.000，说明问卷信度可行。

表 3 – 5 KMO 和 Bartlett 球形度检验

取样足够度的 Kaiser-Meyer-Olkin 度量		0.808
Bartlett 球形度检验	近似卡方	2150.303
	df	45
	Sig.	0.000

本书以十项指标开展对农民工行为的分析，问卷设置了四个答案选项并赋值，即"没有 = 1"，"较少 = 2"，"一般 = 3"，"经常 = 4"，均值越高农民工集体行动的程度就越高。从研究中我们可以发现，农民工正在以各种方式参与常规型集体行动中，但新生代农民工在前五项的参与频率比第一代农民工高，第一代农民工在后五项的参与频率则高于新生代。第一代农民工偏向于通过政府部门或政府发起的活动进行行动，而新生代农民工倾向于通过网络、媒体等个体行为参与政治。由于新生代农民工的受教育程度更高，他们借助网络接触政治较为频繁，新生代农民工由于不常返乡而较少参与老家的公共事务，在城市里的工作单位也不像第一代农民工有一定的参与权，目前农民工

在城里参与政治的制度不完善。影响新老农民工集体行动的因素将在后面进行具体分析。

表 3 - 6　　　　　农民工集体行动现状的描述性统计分析结果

测量项目	变量赋值	第一代农民工		新生代农民工	
		均值	标准差	均值	标准差
为了自己或者同事的利益找单位领导	没有 =1，较少 =2，一般 =3，经常 =4	2.03	0.911	2.13	0.819
为维护自己的合法权益向政府部门投诉	没有 =1，较少 =2，一般 =3，经常 =4	1.70	0.839	1.83	0.806
在网络上对本市发展的相关问题发表自己的观点	没有 =1，较少 =2，一般 =3，经常 =4	1.42	0.771	1.76	0.878
给媒体写信或打电话表达自己对一些公众关心的问题的看法	没有 =1，较少 =2，一般 =3，经常 =4	1.34	0.745	1.43	0.687
在网络上参与讨论，对国家大事发表自己的观点	没有 =1，较少 =2，一般 =3，经常 =4	1.41	0.735	1.73	0.859
向人大代表、政协委员提意见	没有 =1，较少 =2，一般 =3，经常 =4	1.26	0.655	1.25	0.552
写信给政府相关部门或信访部门投诉	没有 =1，较少 =2，一般 =3，经常 =4	1.27	0.633	1.24	0.560
到政府请愿讲理，找领导对话	没有 =1，较少 =2，一般 =3，经常 =4	1.42	0.764	1.31	0.607
在村（居）委会选举中去投票	没有 =1，较少 =2，一般 =3，经常 =4	1.96	1.025	1.74	0.852
参与老家或工作单位的公共事务	没有 =1，较少 =2，一般 =3，经常 =4	2.00	1.023	1.81	0.882

在此基础上，我们选取"联名向人大代表、政协委员提意见""在村（居）委会选举中去投票""参与老家或工作单位的公共事务"作为农民工集体行动的衡量指标进行因子分析。

表 3 – 7 农民工集体行动因子分析结果

问题项	因子贡献率
联名向人大代表、政协委员提意见	– 0.025
在村（居）委会选举中去投票	0.154
参与老家或工作单位的公共事务	0.268

（二）自变量描述

我们将影响农民工集体行动的因素作为自变量，描述自变量的指标都是从农民工的主观角度出发的，从内在的心理层面解释集体行动的行为更有力。自变量主要有两个：社会公平感和政治效能感。

1. 社会公平感

本书根据社会公平的基本维度机会公平和结果公平选取了跟农民工利益息息相关的收入、教育、医疗、司法执法以及就业共五个方面的问题来测量农民工的社会公平感。根据孟天广等对"结果公平"和"机会公平"概念的界定，"机会公平"强调每个人都拥有获得成功的平等权利和机会，而"结果公平"强调的是资源的相对均等分配，因此，对经济收入、教育、医疗卫生的测量就归属于结果公平，而司法执法、就业的测量就属于机会公平。[①] 受访者可选择"完全反对""比较反对""比较赞成""完全赞成"来对其进行评价，四个答案选项分别赋值1—4分，分值越高，表示社会公平感越强。

表 3 – 8 数据显示，从均值来看，只有司法执法（2.726）和教育制度（2.530）超过了平均水平，而其他三项的均值均低于2.5，其中收入公平感的均值最低；从总体得分中也可看出，司法执法与收入得分相差较大。这说明在农民工心目中，司法执法和教育制度还是相对较公平，经济收入方面则表现出强烈的不公平感。

① 孟天广：《转型期中国公众的分配公平感：结果公平与机会公平》，《社会》2012年第6期。

表3-8　　　　　　　　　　农民工社会公平感描述统计表

样本	有效 缺失	经济收入	教育制度	医疗卫生	司法执法	就业机会
		5321 0	5321 0	5321 0	5321 0	5321 0
均值		2.243	2.530	2.366	2.726	2.278
中值		2.00	3.00	2.00	3.00	2.00
众数		2	3	2	3	2
标准差		0.9995	0.8897	0.9113	0.8567	0.9044
方差		0.999	0.792	0.831	0.734	0.818
和		1202	1356	1268	1461	1221

　　另外，我们将"完全反对"和"比较反对"合并重新定义为"不公平"，将"比较赞成"和"完全赞成"合并重新定义为"公平"，来直观测量农民工的社会公平感。从图3-1中可以看出，只有在关于司法执法和教育是否公平的问题回答中，回答感觉"公平"的人数超过了回答"不公平"的人数，尤其是"司法执法"这一项，感觉"公平"的人数比例为60%左右，这说明在农民工心目中，我国的司法执法还是具有非常神圣、非常公正严明的形象，大多数农民工都认为司法执法过程是非常公平公正的；认为我国教育制度比较公平的农民工人数也超过了半数，约占52%；另外，在就业与医疗卫生方面，农民工的公平感较经济收入方面强，但回答"不公平"的人数也都占到了40%左右；值得注意的是，在"经济收入"是否公平

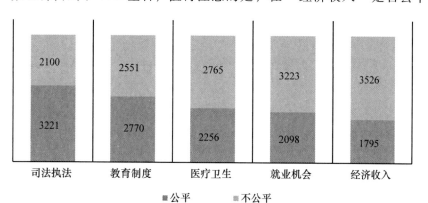

图3-1　农民工社会公平感状况（人）

这一方面，出现了非常大的差距，受访者普遍感觉不公平，在5321名总受访人数中，选择"不公平"的占比超过65%，这反映出大多数农民工对我国的经济收入分配是不满意的。

2. 政治效能感

本书所说的"政治效能感"指的是农民工对自己能力的主观认识，包括两个方面，即政治影响力和政治理解力。对政治效能感的研究多分为内外两个方面，在本研究中政治影响力为外在政治效能感，自身政治认知能力为内在政治效能感。问卷设置四个答案选项并对其赋值，即"完全反对=1"，"比较反对=2"，"比较同意=3"，"完全同意=4"。均值越高则农民工认为自己的政治能力越低，由分析结果可知，第一代农民工对自我政治能力的认可度高于新生代农民工，即第一代农民工认为自己的政治影响力是较高的。

表3-9　　　　　　农民工政治效能感的描述性统计分析结果

测量项目	变量赋值	第一代农民工		新生代农民工	
		均值	标准差	均值	标准差
像我这样的人，对政府的作为有影响力	完全反对=1，比较反对=2，比较同意=3，完全同意=4	2.11	0.899	2.16	0.880
像我这样的人，我认为政府在乎我的想法是什么	完全反对=1，比较反对=2，比较同意=3，完全同意=4	2.12	0.892	2.12	0.900
这么多人在选举中投票，我是否投票无关紧要	完全反对=1，比较反对=2，比较同意=3，完全同意=4	2.22	0.987	2.49	0.961
对中国所面临的一些重大政治问题，我觉得自己不太了解	完全反对=1，比较反对=2，比较同意=3，完全同意=4	2.32	0.947	2.39	0.893
我认为中国大部分的人，都比我更知道政治和政府的事	完全反对=1，比较反对=2，比较同意=3，完全同意=4	2.41	0.898	2.47	0.865

四　分析过程和结果

本研究选取的指标综合了以往研究采用过的指标，回归方法也基本一致，实证结果与以往的结论相差不大。以往的研究主要是考察单个或多个指标对集体行动的影响，而本研究选取三个大指标，具体考察各指标下各因素对农民工集体行动的影响。厘清农民工集体行动的因素是促进农民工有序集体行动的重要手段。本研究通过因子分析和多元回归分析，实证分析了社会公平感和政治能力对农民工集体行动的影响，作出总结与思考。

表 3 - 10　　　新生代农民工集体行动影响因素的回归分析

自变量	意见表达	集体投票	共同参与社区事务
年龄	0.004 ** (0.000)	0.001 ** (0.001)	0.057 (0.011)
教育程度	0.011 * (0.002)	0.007 (0.005)	0.204 * (0.059)
社会公平感	- 0.324 * (0.003)	0.055 * (0.007)	- 0.116 (0.081)
政府信任	0.004 (0.003)	0.011 (0.008)	- 0.038 (0.083)
警察信任	- 0.003 (0.003)	- 0.001 (0.007)	- 0.048 (0.076)
法院信任	0.003 (0.003)	- 0.007 (0.007)	0.131 (0.073)
人大代表信任	- 0.001 (0.003)	- 0.002 (0.006)	0.016 (0.069)
中国共产党信任	- 0.004 (0.003)	- 0.003 (0.007)	- 0.048 (0.078)
内部政治效能感	- 0.041 * (0.003)	- 0.356 * (0.007)	0.098 (0.078)
外部政治效能感	- 0.046 * (0.003)	- 0.351 * (0.007)	- 0.013 (0.080)
R^2（调整 R^2）	0.999 (0.999)	0.993 (0.992)	0.106 (0.062)
样本数	5321	5321	5321

注：* 表示在 0.05 统计水平上显著；** 表示在 0.01 统计水平上也显著；表中数据为标准回归系数，表中括号里显示的是标准误。

新生代农民工的社会公平感越强，他们越不太愿意进行意见表达和共同参与社区事务，但是他们更愿意参与集体投票活动。这表明，新生代农民工感觉社会不公平时，他们愿意积极地进行意见表达和参与社区公共事务。所以，社会公平是影响新生代农民工常规型集体行动的一个重要变量。通过社会融合和公共服务均等化有助于新生代农民工有序参与基层社会公共事务。

政治效能感方面在研究中对农民工集体行动的影响最显著。在政治世界里，如果农民工在心理上觉得自己有能力或较别人有优势，他们便会倾向参与到政治过程中以发挥作用。农民工对集体行动影响力的提升和政治效能感的提升才是促进农民工集体行动质量提高的关键，这要求农民工要提高自身的受教育程度，所以政治能力、教育程度同时与农民工集体行动有相关性，这是符合实际情况的。

转型期的中国社会发展迅速，农民工集体行动在不同时期受不同因素影响，而不同因素在不同时期的影响效力也不同，农民工集体行动的指标可能还有更多别的选择，应与时俱进，具体分析不同时期农民工集体行动问题产生的原因及农民工参与意愿、影响因素，找到关键点，着力解决核心问题，促进农民工集体行动。

第二节　农民工的差序信任格局对常规型 集体行动的影响

2015年8月10日上午，浙江省28名农民工因公司倒闭未获得赔偿款而试图采取集体跳楼的方式来解决与公司的经济纠纷；2016年5月23日10余名农民工在江西省高级人民法院大门前集体抄党章。近年来，我国政府通过一系列措施来治理农民工欠薪问题取得了一定的成效，但是农民工这些出乎意料的集体行动仍然不断地搅动着我国的社会舆论，成为牵动政府神经的治理难题。那么，是什么因素影响着农民工的集体维权行动？当前学术界对一般群体性事件发生的社会心理和行为进行了广泛的研究。王林等人通过中国知网文献的计量分析，发现研究群体性事件的高频词主要集中在农村群体性事件、环境群体性事件、网络群体性事件。对于农村群体性事件的研究[①]，从美国学者斯科特，到我国李连江等学者相继提出"日常抵抗""依法抗争""以法抗争"等分析框架对农民群体的维权活动进行解释。罗亚娟通过对苏北地区农民抗争的案例研究发现，从"法"的角度并非能解释所有的农民抗争活动，相比较农民对"法"的熟悉，中国传统社会中的"情理"更加深入人心，从而提出"依情理抗争"的分析框架。[②] 对于环境类群体性事件，学者李伟权、谢景认为环境性群体事件的发生是公众、政府与企业之间的一种社会冲突，经历了有限参与的冲突酝酿阶段、以舆论抗争的冲突凸显阶段、依势对峙的冲突升级阶段、理性围观的冲突消减阶段。[③] 对于网络性群体事件，郝其宏从社会情绪表达为切入点，认为网民消极情绪的表达是造成网络性群体事件的重要原因。[④] 但令人遗憾的是，对作为新时代农民工群体的集体行动，国内外学术界对此论述较少。农民工的集体行动是如何形成的？他们对政府的信任程度是否影响着他们的社会行为？对这些问题的回答无论是在学术层面还是在政策层面无疑都有着重要意义。为此，本课题以农民工为研究对象，展示我国公民独特的信任格局和集体行动模式，以期回答上述问题。

一　信任类型和信任格局

信任分为人际信任和制度信任。人际信任是以自然人之间的情感关系纽带为基础的，常常产生于具体的个人之间社会关系之中，而制度信任常常产生于抽象的社会关系中，是以制度环境（如法律、政

[①]　王林、黄利芳、尹龙、许慧：《我国群体性事件研究综述——基于 CSSCI 刊源的文献计量分析》，《广州大学学报》（社会科学版）2018 年第 12 期。

[②]　罗亚娟：《依情理抗争：农民抗争行为的乡土性——基于苏北若干村庄农民环境抗争的经验研究》，《南京农业大学学报》（社会科学版）2013 年第 2 期。

[③]　李伟权、谢景：《社会冲突视角下环境群体性事件参与群体行为演变分析》，《理论探讨》2015 年第 3 期。

[④]　郝其宏：《网络群体性事件的生成与治理——以社会情绪表达为分析视角》，《广西社会科学》2014 年第 12 期。

治、经济等相关制度）为基础的。[①] 人际信任又可以分为特殊信任和普遍信任，特殊信任是建立在与被信任者的私人联系基础上的，它也可以扩展到比较容易了解的群体（家庭、朋友、邻居、同事）。换言之，这种信任关系是以共同经历和二者未来互动期望为基础的。而普遍信任不局限于生活经验层面，它是与不认识的群体或陌生人之间的关系。前者指个体对自己群内的或和自己有亲密互动的他者所持有的积极性预期，后者常指个体对那些自己并不熟悉、群外的或者与自己不直接互动的他者所持有的积极性预期。[②]

对于信任的研究，国外学者主要开始于对信任基础理论的研究。理性选择理论认为信任是关于交际双方的信息博弈；文化研究者从文化视角解释信任是一种具有遗传性的基因，是可以传递的；制度学家则认为信任可以在共同认可的规则上得以强化；道德基础理论强调的是社会公平感对信任的影响。国内有不少学者做了关于信任的实证研究，如邹宇春、敖丹、李建栋对广州的调查[③]，王毅杰、周现富对南京的调查[④]，谢舜、周金衢对广西的调查[⑤]，均证实存在信任的差序格局。有研究者曾在 1996 年对美国费城居民进行信任调查，结果显示信任度的强弱依次是：家人＞同事＞邻居＞陌生人，同样呈现出现差序格局。

中国的差序信任格局无论是在国外还是在国内都成为了学术共识。在有关中国传统文化的研究中，诸多学者都认为，中国是"伦理本位"的社会，是以血缘关系为核心构建的社会关系网络。[⑥] 个人是社会关系网络的中心，其他所有人都因距离的远近而不平等地处于整

---

① Luhmann N., *Trust and Power*, Chichester, Toroto：Wiley, 1979, p. 156.

② Eric M. Uslaner, Richard S. Civic, "Engagement and Particularized Trust：The Ties that Bind People to their Ethnic Communities Conley", *American Politics Research*, 2003, p. 52.

③ 邹宇春、敖丹、李建栋：《中国城市居民的信任格局及社会资本影响——以广州为例》，《中国社会科学》2012 年第 5 期。

④ 王毅杰、周现富：《城市居民信任的差序格局》，《天府新论》2009 年第 2 期。

⑤ 谢舜、周金衢：《差序信任格局下的农村土地流转——基于广西玉林市福绵区的实证调查》，《广西民族大学学报》（哲学社会科学版）2014 年第 1 期。

⑥ 费孝通：《乡土中国》，生活·读书·新知三联书店 1985 年版，第 152 页。

个关系网络之中与此人产生联系，即所谓的"差序格局"。这也突出地表现在中国人的信任关系之中。中国人对于外人是极度的不信任，家族成员信任外人被看作是不可原谅的错误。① 这种差序信任格局是中国人的社会心理文化结构特征，普遍为中国人所承认。有意思的是，中国人对政府的信任也呈现出差序格局。

与美国人更加相信地方政府而不相信联邦政府相比，② 中国人对政府的信任刚好相反。张厚安、蒙桂兰很早就用农民的俚语"中央是恩人，省里是亲人，县里是好人，乡里是恶人，村里是仇人"来描述他们对中央到乡村权威逐级降低的评价。③ 史天健等也比较早地发现，中央政府的信任要明显高于地方政府的信任。④ 塞奇发现中国人对政府的满意程度是随着从中央政府到地方政府的层级下降而急剧下降。⑤ 李连江对费孝通差序格局的概念进行修正，提出中国的政府信任是"差序政治信任"⑥，这一概念陆续被证实。井世洁、杨宜音的研究同样发现民众对于中央政府的信任度远高于地方政府和居委会、村委会等基层政府。⑦ 肖唐镖、王欣利用 1999—2008 年十年间在江苏、江西、山西、重庆、上海五省市四次调查的数据库，验证了农民对于不同层级政府的信任存在自上而下递减的特征。⑧ 高学德的研究也证实了这种差异的存在，他的数据还显示，城市居民比农村居民更加不信

---

① 梁漱溟：《中国文化要义》，世纪出版集团、上海人民出版社 2005 年版，第 1987 页。

② H. George Frederickson, "Public Perceptions of Ethics in Government", *The Annals of the American Academy of Political and Social Science*, 1995, 537 (1), p. 567.

③ 张厚安、蒙桂兰：《完善村民委员会的民主选举制度 推进农村政治稳定与发展——湖北省广水市村民委员会换届选举调查》，《社会主义研究》1993 年第 4 期。

④ Xueyi Chen, Tianjian Shi, "Media Effects on Political Confidence and Trust in the People's Republic of China in the Post-Tiananmen Period", *Springer-Verlag*, 2001, 19 (3), pp. 84 – 118.

⑤ Tony Saich, "Citizens' Perceptions of Governance in Rural and Urban China", *Journal of Chinese Political Science*, 2007, 12 (1), pp. 1 – 28.

⑥ Lianjiang Li, "The Magnitude and Resilience of Trust in the Center", *Modern China*, 2013, 39 (1), pp. 3 – 36.

⑦ 井世洁、杨宜音：《转型期社会信任感的阶层与区域特征》，《社会科学》2013 年第 6 期。

⑧ 肖唐镖、王欣：《"民心"何以得或失——影响农民政治信任的因素分析：五省（市）60 村调查（1999—2008）》，《中国农村观察》2011 年第 6 期。

任基层政府。①

　　上述的差序政府信任格局是按照政府权威纵向层级排列的。如果按照政府权威进行横向的排列，人们的政治信任是不是也呈现出差序格局呢？张云武发现，如果社会组织能够获取更多来自政府和其他方面的资源，那么它更能够获得公众的信任。人们对社会组织的信任程度从高到低依次为：政府性组织、体制内企业组织、体制外企业组织。② 张洪忠分析了官方社交媒体账号的信任度问题。他发现，网民对社交媒体账号的信任度从高到低依次为：政务微博微信、官方媒体的微博微信、普通人的微信微博账号。③ 上述研究似乎说明，人们对横向的公共组织或机构的信任也呈现出差序特征，人们对社会组织或媒体的信任随着横向权威的降低而逐步衰减。

二　信任与集体行动的关系

　　信任是否可以促进集体行动？学术界莫衷一是。达尔在讨论集体行动时，提出"如果你认为没有你的介入结局也会相当满意，你就不大会介入政治"。即政治信任度越高，集体行动度越低。尼考威亚克认为无论是东欧国家还是西欧国家，对公共机构的信任显然会影响到人们的政治活动。④ 人们在二级协会广泛的参与和社会信任有明显的相关性，但与政治信任呈弱相关性。⑤ 然而，帕特南对意大利的追踪研究结论则相反。他认为，社会资本诸如信任、规范和网络可以限制机会主义，使得公民共同体形成集体行动，从而进行有效的集体行动。⑥

---

①　高学德：《当代城市青年的人际信任》，《南京人口管理干部学院学报》2013 年第 4 期。

②　张云武：《社会资本与组织信任的实证研究》，《中共浙江省委党校学报》2013 年第 4 期。

③　张洪忠：《社会主义核心价值观互联网传播状况调查报告（2016）》，《当代中国价值观研究》2016 年第 4 期。

④　Justyna Nyćkowiak, "Political Activity: Is Trust in Democratic Institutions Really a Relevant Determinant?", *International Journal of Sociology*, 2009, 39 (1). p. 123.

⑤　Gerry Veenstra, "Social Capital and Health (plus Wealth, Income Inequality and Regional health Governance)", *Social Science & Medicine*, 2002, 54 (6), p. 128.

⑥　David Hemenway, Bruce P. Kennedy, Ichiro Kawachi, Robert D. Putnam, "Firearm Prevalence and Social Capital", *Annals of Epidemiology*, 2001, 11 (7). pp. 484 – 490.

帕洛尼亚米对芬兰青年人的研究表明，他们对政党和非政府组织的信任与他们对环境政治行动的兴趣间接相关。[①]

但是，有些学者认为，信任与参与不是直接的因果关系，它们之间的关系受到另外中介因素的影响。政治效能感在其中扮演着重要角色。盖穆森讨论了政治效能感、政治信任与集体行动的关系。他的研究认为，高度效能感与低度政治信任的结合会产生集体行动。这一命题在学术界引起了较大反响，迅速得到了许多学者的热烈回应。福瑞舍对这一结论进行了验证，发现高效能感低信任度的人参与集体行动的可能性高于效能感和信任度都很高的人是无法证实的。[②] 克瑞格和毛各雅图对这一研究进行了改造，讨论了政治不满和内部效能感对政治行为之间关系的有条件的影响，对政府政策的不满与非传统政治行为具有高强度的联系，自我感知导致他们相信他们是有影响力的政治角色。[③]

信任与参与的关系问题在国内也得到了较多的讨论。王思琦使用"2007 年世界价值观调查"的中国大陆数据对两种具体的非传统集体行动行为——请愿和抵制中的信任因素进行了分析，统计结果发现人际信任对于非传统集体行动有着显著的正向关系，而政治信任对于非传统集体行动具有显著的负向关系。[④] 孙昕等学者发现，村民对基层政府"政治信任"越高，其参与选举的倾向就可能会更高。研究还发现，村民社会资本的不同维度，无论是社会信任还是"非政府社会、经济组织"对选举参与都没有显著影响。[⑤] 余敏江和梁莹研究发现，公民对政府的信任度与公民参与意识之间有密切关联且呈正相关

① Riikka Paloniemi, Annukka Vainio, "Legitimacy and Empowerment: Combining two Conceptual Approaches for Explaining Forest Owners' Willingness to Cooperate in Nature Conservation", *Journal of Integrative Environmental Sciences*, 2011, 8 (2). pp. 123 – 138.

② John Fraser, "The Mistrustful-Efficacious Hypothesis and Political Participation", *John Fraser*, 1970, 32 (2), p. 145.

③ Stephen C. Craig, Michael A. Maggiotto, "Political Discontent and Political Action", *The Journal of Politics*, 1981, 43 (2), p. 256.

④ 王思琦：《政治信任、人际信任与非传统政治参与》，《公共行政评论》2013 年第 2 期。

⑤ 孙昕、徐志刚、陶然、苏福兵：《政治信任、社会资本和村民选举参与——基于全国代表性样本调查的实证分析》，《社会学研究》2007 年第 4 期。

关系。① 郑建君研究发现，公民的政治信任与其政策参与之间具有显著的正向相关；而公民的社会公正感知调节了政治信任对集体行动的影响作用。② 何可等人研究发现，人际信任、制度信任在农民农业废弃物资源化利用的决策中发挥着显著促进作用，这一结论在用主成分分析法构造信任变量、剔除老年人样本或控制村庄固定效应之后依然成立；人际信任、制度信任对男性农民、女性农民农业废弃物资源化参与意愿均表现出显著正效应；随着农民文化程度及收入水平的改善，人际信任对其参与意愿的影响逐渐不显著，制度信任则依旧能发挥作用。③ 李连江研究表明，如果村民信任中央的意愿但不信任它的能力可能会鼓励村民以中央的名义来否定地方官员。如果村民的合法抗争失败，那么他们对中央失去幻想，从而导致犬儒主义或激进主义。④

三　研究假设

自从费孝通提出"差序格局"以来，这一概念得到了广泛的讨论，并且被李连江用以描述和解释农民对不同层级政府的等级信任模式。但是，他提出"差序政府信任"是根据政府权威的高低进行排序的，即从上到下的排序方法。实际上政治权威的差序除了纵向的权力高低差序之外，还有横向的政治权威强弱的差序。即，党政机构在政治权威方面明显高于人民团体和其他社会组织。邹宇春等人也发现，差序格局存在于制度信任之中。⑤ 斯特纳等人对尼泊尔的研究表明，尼泊尔人对职业团体如学校和医院的信任度很高，对地方政府机

---

①　余敏江、梁莹：《政府信任与公民参与意识内在关联的实证分析——以南京市为例》，《中国行政管理》2008 年第 8 期。

②　郑建君：《政治信任、社会公正与政治参与的关系——一项基于 625 名中国被试的实证分析》，《政治学研究》2013 年第 6 期。

③　何可、张俊飚、张露、吴雪莲：《人际信任、制度信任与农民环境治理参与意愿——以农业废弃物资源化为例》，《管理世界》2015 年第 5 期。

④　Lianjiang Li, "Political Trust in Rural China", *Modern China*, 2004, 30 (2), pp. 228 - 258.

⑤　邹宇春、敖丹、李建栋：《中国城市居民的信任格局及社会资本影响——以广州为例》，《中国社会科学》2012 年第 5 期。

构的信任度也很高，但是对议会和政府的信任度很低。[①] 俄罗斯的制度信任水平较低，仅有三个机构（教堂、总统和医院）的信任高于不信任。[②] 在我国，信任机制的运作呈现明显的政治化色彩，从而导致政治信任往往与政治权威的强度相关。因此，人们对于政治权威强弱程度不同的公共组织的信任程度也有所不同，即人们对具有高度政治权威的党政机构信任程度高于政治权威弱的人民团体。

同样，在人际信任中，自然人信任的差序格局不仅存在，而且对家人的信任与对其他自然人的信任在程度上存在巨大差异。[③] 吕青对江苏无锡新市民即农民工的研究表明，他们的平均信任度从家庭成员、直系亲属等一直到网友和销售商是依次递减的。这种信任结构也正是差序格局的体现，即由自己到家庭成员、直系亲属、亲密朋友等一圈圈向外扩散，扩散愈广，熟悉程度愈低，社会信任度也就愈低。[④] 社会关系差序与人际信任差序具有一定的联系。[⑤] 血缘关系是影响中国人人际信任的重要因素。中国人对血缘家族关系的人更加信任，对陌生人则极度不信任。[⑥]

假设1：农民工的制度信任和人际信任呈现出差序格局。

在制度信任中，农民工对党政机构的信任程度高于他们对人民团体的信任程度；在人际信任中农民工的亲缘信任程度高于非亲缘信任程度。

假设2：制度信任对农民工集体行动的不同类型具有不同的影响。

---

① Steinar Askvik，"Citizens' Trust in Public and Political Institutions in Nepal"，*International Political Science Review*，2011，32（4），pp. 417–437.

② Andrew Stickley，Sara Ferlander，Tanya Jukkala，Per Carlson，"Olga Kislitsyna，Ilkka Henrik Makinen. Institutional Trust in Contemporary Moscow"，*Europe-Asia Studies*，2009，61（5），pp. 779–796.

③ 邹宇春、敖丹、李建栋：《中国城市居民的信任格局及社会资本影响——以广州为例》，《中国社会科学》2012年第5期。

④ 吕青：《新市民的信任：从差序格局到扩展的同心圆——以无锡市广瑞一村为实证对象》，《江南大学学报》（人文社会科学版）2006年第4期。

⑤ 杨中芳、彭泗清：《中国人人际信任的概念化：一个人际关系的观点》，《社会学研究》1999年第2期。

⑥ 李伟民、梁玉成：《特殊信任与普遍信任：中国人信任的结构与特征》，《社会学研究》2002年第3期。

假设2a：农民工对党政机构信任和人民团体信任有助于他们消极的集体维权和积极的公共涉入。

党政机构的信任意味着农民工对党政机构和人民团体的政策输出持积极的态度，因此他们不会再采取激烈的方式来进行抗争。农民工对党政机构和人民团体的信任表明他们对公共事务有着积极的兴趣而愿意去参与。

假设2b：农民工对党政机构信任和人民团体信任对他们的公共表达没有显著影响。

公共表达是人们对公共事务的态度显现行为，它与利益维护行为有很大的不同。利益维护行为的产生往往是利益受损引发的，所以利益维护行为与利益维护主体紧密相关。所以，农民工的党政机构信任和人民团体信任跟他们的公共表达没有直接的联系。

假设3：人际信任对农民工集体行动的不同类型具有不同的影响。

假设3a：农民工亲缘信任无助于他们的集体行动。

诸多研究表明，中国人的人际信任呈现出明显的差序。伦理本位的社会关系网络造就了人与人之间的亲疏之分，也形成了基于不同纽带的"关系共同体"，他们享有共同的社会身份、地位、经历、生活方式，因而也就有了更多的交流、情感认同和信任。但是，亲缘信任也使得人们不愿意舍近求远，对于亲疏距离相对较远的公共机构和媒介不愿意进行意愿或利益的表达。因此我们假设，农民工亲缘信任无助于他们的公共表达行动。

假设3b：农民工非亲缘信任有助于他们的公共涉入。

相反，非亲缘信任高意味着人们对诸如记者、律师等从事公共职业的人有着较高的信任度。这些公共职业人员相对于诸如同事、邻居、农民等群体离农民工的社会距离比较远。但是，这些公职人员所从事的职业公共性决定了人们愿意通过他们来表达自己的意愿和利益。因此我们假设，农民工非亲缘信任有助于他们的公共涉入。

四　数据与变量测量

(一)问卷设计和抽样方法

2016 年 7 月,笔者组织中南财经政法大学学生,分赴武昌火车站、武汉火车站、汉口火车站、宏基汽车站、付家坡汽车站、金家墩汽车站、新荣村汽车站进行了较大规模的问卷调查,获取有效问卷 536 份。武汉是我国中部城市,素有九省通衢之称,是南北和东西交通的枢纽,也是农民工全国流动的集聚地。这七个车站处于武汉市不同区域。其中武汉火车站是高铁站,武昌火车站和汉口火车站是动车站和普通客车站。宏基汽车站、付家坡汽车站、金家墩汽车站、新荣村汽车站兼营省内和省外的交通运输,是农民工乘车的常用车站。2018 年 10 月笔者又委托广东惠州富士康公司人事招聘工作人员对应聘农民工进行问卷调查,获取有效问卷 4362 份。2021 年 12 月至2022 年 1 月,笔者委托重庆大学公共管理学院和四川大学公共管理学院的青年学者对成都和重庆的农民工进行了补充问卷调查,获取有效问卷 432 份。

为提高样本的信度,在程序上我们首先要确定受访者的农民工身份,即同时满足两个条件:农业户口和城市工作。[①] 本次调查为每位受访者提供了简单的礼物。但是,为了避免礼物过重会影响到受访者的信度,所以基本以毛巾、饮料为主。由于当前我国交通运输管理效率提高,火车和汽车发车准点率很高,这样大大降低了乘客的候车时间,这为我们的问卷调查带来了挑战。因为候车时间短,有较多受访者无法完成所有问卷内容的调查,所以导致问卷的数据缺失较为严重。但这也意味着,如果问卷数据比较完整,说明受访者非常认真负责,问卷的信度可靠。为此,我们对缺损的样本进行了筛选。样本的筛选基本原则是,对内容完全矛盾的问卷筛掉,未回答题项超过 10项的筛掉,最终得到有效样本 5321 份。使用 SPSS 22.0 对整个问卷进

---

① 农民工的概念有很多的争议,我们把农民工的范围确定为,具有农业户籍但在城市从事非农业工作的人。

行信度分析，得到 Cronbach's Alpha 值为 0.713，表明问卷信度是可靠的。

表 3 - 11　　　　农民工调查样本分布（N = 5321）

变量	具体指标	百分比（%）	变量	具体指标	百分比（%）
性别	男	73.88	月收入	3000 元以下	18.47
	女	25.93		3000—5000 元	40.49
年龄	≤18 岁	18.28		5000—7000 元	21.08
	18—25 岁	20.15		7000—9000 元	8.02
	26—35 岁	34.33		9000 元以上	3.92
	36—45 岁	23.69	教育程度	文盲	2.43
	≥45 岁	3.17		小学	8.40
打工企业类型	国企	10.82		初中	31.53
	外企	66.42		中专	0.56
	私企	4.10		高中	13.99
	零工	14.74		大专	15.67
政治面貌	群众	58.96		本科及以上	16.04
	党员	12.13			
	团员	24.44			

表 3 - 12　　　制度信任、人际信任和集体行动因子载荷

问题项	政府信任	人民团体信任
你对政府的信任程度	0.821	0.191
你对人大的信任程度	0.760	0.310
你对公安机关的信任程度	0.777	0.224
你对军队的信任程度	0.710	0.182
你对法院的信任程度	0.749	0.286
你对中国共产党的信任程度	0.722	0.289
你对工会的信任程度	0.316	0.795
你对共青团的信任程度	0.262	0.871
你对妇联的信任程度	0.227	0.868

续表

问题项	亲缘信任	非亲缘信任
你对老乡的信任程度	0.665	0.168
你对邻居的信任程度	0.736	0.200
你对工人的信任程度	0.714	0.211
你对农民的信任程度	0.798	0.088
你对农民工的信任程度	0.806	0.118
你对同事的信任程度	0.451	0.452
你对记者的信任程度	0.100	0.759
你对本地人的信任程度	0.414	0.584
你对老板的信任程度	0.296	0.592
你对专家的信任程度	0.062	0.817
你对律师的信任程度	0.104	0.721

问题项	集体维权	公共表达	公共涉入
为了自己或者同事的利益找单位领导	0.895	0.066	0.045
为维护自己的合法权益向政府部门投诉	0.751	0.309	0.172
在网络上对本市发展的相关问题发表自己的观点	0.193	0.858	0.057
给媒体写信或打电话表达自己对一些公众关心的问题的看法	0.176	0.771	0.208
在网络上参与讨论，对国家大事发表自己的观点	0.073	0.882	0.047
在村（居）委会选举中去投票	0.062	0.077	0.914
参与老家或工作单位的公共事务	0.136	0.144	0.884

（二）变量描述和测量方法

1. 制度信任：党政机构信任和人民团体信任

根据调查结果，农民工对党政机构的信任程度表现出比较明显的差异性。其中，他们对军队的信任程度最高（3.27），其次是中国共产党（3.10）和法院（3.02）。他们对人大的信任程度最低，其次是公安机关和政府。但是总体而言，农民工对政府信任程度比较高，平均值为3.0，处于比较信任的层次（见表3-13）。

对问题项进行因子分析（最大方差法旋转），得到1个公因子即政府信任，解释的总方差累计达63.5%，KMO值为0.876。在通过因子旋转后，前六个问题项因子载荷分别为0.821、0.760、0.777、

0.710、0.749、0.722（见表3－12）。

表3－13　　　　　　农民工对党政机构信任程度（平均值）

	政府	人大	公安机关	军队	法院	中国共产党
平均数	2.91	2.82	2.87	3.27	3.02	3.10
N	5321	5321	5321	5321	5321	5321
标准差	0.811	0.930	0.861	0.832	0.840	0.915

调查结果显示，农民工对人民团体的信任程度较高，总体均值为2.63，处于比较信任和不太信任之间，但接近比较信任层次。与党政机构的信任相比，农民工对人民团体的信任程度更低一些。从各人民团体的信任程度来看，农民工对妇联的信任程度最高（2.65），对共青团的信任程度次之，对工会的信任程度最低（见表3－14）。

表3－14　　　　　　农民工对人民团体信任程度（平均值）

	工会	共青团	妇联
平均数	2.61	2.63	2.65
N	5321	5321	5321
标准偏差	0.913	0.940	0.956

2. 人际信任：亲缘信任和非亲缘信任

我们对农民工亲缘信任的测量主要分为三种类型，一是地缘亲缘，即老乡和邻居；二是阶级亲缘，即工人、农民和农民工；三是工作亲缘，即同事。调查结果显示，在阶级亲缘信任中，农民工对农民的信任程度最高（3.18），农民工对工人的信任度最低（2.96）。在地缘亲缘中，对老乡、邻居和农民工的信任程度居于相同的水平（见表3－15）。

表 3 – 15　　　　　　　　**农民工亲缘信任程度（平均值）**

	N	平均值	标准偏差
老乡	5321	3.11	0.664
邻居	5321	3.11	0.697
工人	5321	2.96	0.689
农民	5321	3.18	0.679
农民工	5321	3.11	0.684
同事	5321	3.03	0.714
有效的 N（listwise）	5321		

对非亲缘信任的测量也分为三种类型，一是地域非亲缘，即本地人；二是阶级非亲缘，即老板；三是职业非亲缘，即记者、专家和律师。统计结果显示，在非亲缘信任中，农民工对律师的信任程度最高（2.88），对本地人的信任程度最低（2.63），对老板的信任程度也比较低，他们对记者和专家的信任程度基本处于相同的水平（见表 3 – 16）。

表 3 – 16　　　　　　　**农民工非亲缘信任程度（平均值）**

	N	平均值	标准偏差
记者	5321	2.70	0.853
本地人	5321	2.63	0.792
老板	5321	2.66	0.850
专家	5321	2.71	0.903
律师	5321	2.88	0.868
有效的 N（listwise）	5321		

3. 集体行动：集体维权、公共表达和公共涉入[①]

学术研究是在争议中前进的。对集体行动的研究也不例外。诺曼·H. 尼和西德尼·伏巴把集体行动界定为"旨在影响政府决策的

----

① 集体行动也是一个非常具有争议的概念。在本书中，我们把集体行动看作一个比较宽泛的概念，只要是多人参与同一事务即把它看作集体行动。

行为"①。美国著名政治学者亨廷顿和纳尔逊在这个问题上与诺曼·H.尼和西德尼·伏巴比较一致。他们认为，集体行动是指平民的政治活动，或者更确切地说，是指充当平民角色的那些人的活动。② 在《布莱克维尔政治学百科全书》中，作者把集体行动界定的非常宽泛。他们提出，集体行动是指"参与制定、通过或贯彻公共政策的行动"③。这个定义是非常松散的、随意的。它没有明确集体行动主体的范围。判断集体行动的主要标准不在于它是否达到了目标即是否改变了公共政策，而在于它是否存在着影响公共政策的目的。换言之，集体行动是公民参与行为，而不是参与行为的后果和影响。日本学者蒲岛郁夫认为，集体行动包括活动而不包括态度。集体行动包括试图影响政府的所有活动，而不管这些活动是否产生实际效果。④ 笔者认为，研究中国的集体行动，需要吸收西方集体行动概念和理论的先进成果，同时也要考虑到中国的具体国情。在我国，西方意义上的罢工、游行示威是被严格限制的，所以这些体制外集体行动的方式很少出现在农民工的生活之中。但是，体制内的集体行动仍然是允许的。因为我国是社会主义国家，人们对利益冲突的解决，大多喜欢直接找单位或政府领导来维护自己的权益，我们可以把它称之为诉求领导的"集体维权"方式。另外，政府也开放了利益诉求的通道，人们可以通过媒体、网络和信件来表达自己对公共事务的意见，我们可以把它称之为"公共表达"方式。我国政治体制为人们提供了两个选举参与的平台，一是人大代表的选举，二是基层群众自治的选举，我们把它称之为"公共涉入"方式。

我们对这五个问题项进行因子分析（最大方差法旋转），得到 3 个公因子，解释的总方差累计达 77.02%。在通过因子旋转后，七个

① ［美］格林斯坦、波尔斯比：《政治学手册精选》（下卷），竺乾威等译，商务印书馆 1996 年版，第 289 页。

② ［美］亨廷顿、纳尔逊：《难以抉择》，汪晓寿等译，华夏出版社 1989 年版，第 16 页。

③ ［英］戴维·米勒、韦农·波格丹诺：《布莱克维尔政治学百科全书》，邓正来译，中国政法大学出版社 2002 年版，第 389 页。

④ ［日］蒲岛郁夫：《政治参与》，解莉莉译，经济日报出版社 1989 年版，第 6 页。

问题项因子载荷分别为 0.895、0.751、0.858、0.771、0.882、0.914、0.884，提取三个公因子，即集体维权因子、公共表达因子、公共涉入因子。基于此，我们可以把农民工的集体行动分为集体维权、公共表达和公共涉入三个内容（见表 3 - 12）。

五　差序分析与回归分析

1. 制度信任和人际信任的差序分析

通过计算制度信任各个问题项的平均值可以对制度信任的各个部分进行比较。我们发现，在制度信任的两个组成部分即党政机构信任与人民团体信任之间存在明显的差序。如图 3 - 2 所示，党政机构信任度最低的人大信任也比人民团体信任最高的妇联信任要高。这意味着农民工对党政机构信任程度整体上高于他们对人民团体的信任程度。

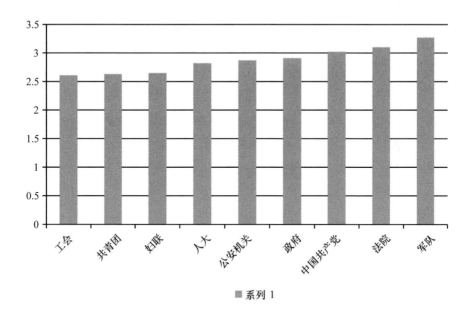

■ 系列 1

图 3 - 2　农民工制度信任水平（平均值）

农民工对党政机构信任程度的排序为：军队 > 法院 > 中国共产党 > 政府 > 公安机关 > 人大。其中，农民工对军队的信任程度最高，对人大和公安机关的信任程度较低。农民工对人民团体信任程度的排序为：妇联＞共青团＞工会。就离散程度来看，农民工对人民团体的信任水平离散程度较低，他们对党政机构的离散程度较高。

采取同样的方法，我们对人际信任中的亲缘信任和非亲缘信任的平均值进行比较，发现在人际信任的两个组成部分即亲缘信任与非亲缘信任之间存在明显的差序。如图 3－3 所示，亲缘信任最低的工人信任也比非亲缘信任最高的律师信任要高。这意味着农民工对亲缘关系的信任程度整体上高于他们对非亲缘关系的信任程度。

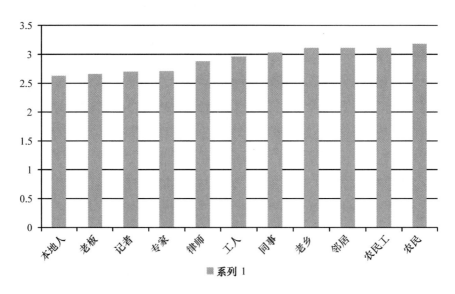

图 3－3　农民工亲缘关系信任水平（平均值）

农民工对亲缘关系信任程度的排序为：农民＞农民工＞邻居＞老乡＞同事＞工人。其中，农民工对农民的信任程度最高，对工人的信任程度最低。农民工对非亲缘关系信任程度的排序为：律师＞专家＞记者＞老板＞本地人。其中，农民工对律师的信任程度最高，但是对本地人和老板的信任程度都较低，尤其是对本地人的信任程度最低。

2. 信任类型与集体行动的多元回归分析

信任类型与集体行动的三个多元回归模型的因变量分别是集体行动的三个因子，即集体维权、公共表达和公共涉入。自变量包括虚拟变量和控制变量。虚拟变量包括制度信任的两个因子即党政机构信任和人民团体信任、人际信任的两个因子即亲缘信任和非亲缘信任。控制变量包括性别（男=1；女=2）、年龄、民族（汉族=1；少数民族=2）、打工工龄（1—2年=1；3—4年=2；5—6年=3；7—8年=4；9—10年=5）、父母是否打工（是=1；否=2）、宗教信仰（有=1；没有=2）、工作流动性（即打工单位数量：1—2个=1；3—4个=2；5—6个=3；7—8个=4；9—10个=5；10个以上=6）、教育水平（文盲=1；识字未上学=2；小学=3；初中=4；中专=5；高中=6；大专=7；本科及以上=8）、住宿方式（宿舍=1；非宿舍=2）。

为解决多元回归分析的多重共线性和异方差，本书对三个模型进行了多重共线性和异方差的检验。检验结果表明，模型2和模型3既不存在多重共线性也不存在异方差。模型1虽不存在多重共线性，但是存在异方差。为此，对模型3本书使用了最小二乘法（WLS）进行了多元回归分析。具体统计结果如表3-17所示。

表3-17　　　　　　　　　农民工社会信任与集体行动

	模型1	模型2	模型3
	集体维权	公共表达	公共涉入
党政机构信任	-0.114 (.008) ***	-0.102 (0.028) *	0.183 (.000) ****
人民团体信任	-0.154 (0.001) ****	0.035 (0.430)	0.105 (.019) **
亲缘信任	-0.018 (.641)	-0.016 (0.704)	0.002 (0.959)
非亲缘信任	0.083 (.057) *	0.065 (0.165)	-0.117 (0.016) **
性别	-0.106 (0.276)	-0.073 (0.440)	0.111 (0.254)
年龄	-0.007 (0.139)	-0.0004 (0.926)	0.005 (0.265)
民族	-0.448 (0.028) **	0.108 (0.588)	-0.0001 (0.997)
打工工龄	0.042 (0.048) **	-0.042 (0.041) **	0.018 (0.390)
父母是否打工	0.093 (0.216)	0.011 (0.878)	0.013 (0.866)
宗教信仰	-0.128 (0.118)	-0.107 (0.183)	-0.006 (0.946)
工作流动性	0.071 (0.036) **	0.026 (0.429)	0.066 (0.048) **
教育水平	0.044 (0.089)	0.148 (0.000) ****	-0.065 (0.011) **
住宿方式	-0.161 (0.001) ****	.023 (0.616)	-0.092 (0.055) *

*p<0.1；**p<0.05；***p<0.01；****p<0.00

第一，制度信任与集体维权呈现比较明显的负相关关系，农民工对党政机构和人民团体的信任程度越高，他们越不倾向于集体维权。非亲缘信任与集体维权之间有联系，但是不太显著。在民族特征方面，少数民族农民工不太愿意进行集体维权。农民工的打工工龄和工作流动性越高，他们越倾向于集体维权。农民工的集体居住方式有助于他们集体维权。

第二，制度信任与公共表达之间存在负相关关系，但是不太显著。农民工的打工工龄越高，他们不愿意进行公共表达，农民工的教育水平越高，他们越倾向参与公共表达。

第三，制度信任包括党政机构信任和人民团体信任都有助于农民工涉入集体选举或公共事务。非亲缘信任则不利于农民工涉入集体选举或公共事务。农民工的工作流动性有助于农民工涉入选举或公共事务。教育水平越高和集体住宿方式则不利于农民工涉入公共事务。

第四章　新生代农民工自主型集体行动的社会心理机制之一：合法化机制[*]

西汉戴圣《礼记·檀弓下》："师必有名"，意思是指行为必须具有正当性。行为只有具有正当性才能降低成本，行为只有具有正当性才能达到目的。同样地，新生代农民工集体行动需要解决合法性即正当性的问题才能够有力推进。那么，新生代农民工是如何赋予其集体行动以正当性即合法性的，这是值得研究的话题。

第一节　作为集体行动传统合法化资源的情理法

农民工集体行动的大量研究最初遵循着"抗争政治"的理论框架。在美国学者斯科特"日常反抗""弱者抗争"和查尔斯·蒂利"抗争政治"理论启发下，美国学者欧博文和李连江于20世纪末期先后发表了一系列关于中国农民信访的论文，并逐步提出"合法抗争"（rightful resistance）的概念，把集体行动问题拉入西方中国研究的中心。[①] 这两篇论文在国外产生了较大的反响，"合法抗争"一时间成为解释集体行动问题的主导性框架。在合法抗争的基础上又有学者提出了

---

　　[*] 本章内容作为独立论文发表于《公共行政评论》2020年第1期，本书收录时有删改。
　　[①] O'Brien, Kevin J. (1996), "Rightful Resistance", *World Politics*, 49 (1), 31–55. Kevin O'Brien & Lianjiang Li (2006), *Rightful Resistance in Rural China*, Cambridge and New York：Cambridge University Press.

"以法抗争"①，强调以国家法律文件为依据，突出其理性维权意识。②
"以法抗争"善用弱者武器、踩线不越线等行动合法化策略，把握重
要时机、抓住官员小辫子等行动扩大策略以及框架延伸、游击队式忠
诚等行动延伸策略。③ "合法抗争"和"以法抗争"的权利话语解释
框架进一步扩展，演化出诸如"地缘维权"④ "集体维权"⑤ 等异彩
纷呈的概念框架。

一　从合法化到去合法化

在 2010 年之后，集体维权的权利话语框架逐步被国内学者突破。有
学者发现有些农民集体行动是谋利而不是维权⑥，甚至存在陷入灰恶化
的风险。⑦ 农民工集体行动从维权到谋利的变迁以税改前后为节点，裹
挟着浓厚的上访专业户色彩⑧，属于"无理上访"的范畴。⑨ 集体行动
手段和策略也不断创新和演变，如作为弱者的上访人的"武器"的"表
演型"上访⑩、征地冲突中农民"套路式"抗争行为⑪以及从"就地

①　肖唐镖：《当代中国的"群体性事件"：概念、类型与性质辨析》，《人文杂志》
2012 年第 4 期。
②　于建嵘：《当代中国农民的"以法抗争"——关于农民维权活动的一个解释框架》，
《文史博览》2008 年第 12 期。
③　和经纬、黄培茹、黄慧：《在资源与制度之间：农民工草根 NGO 的生存策略——以
珠三角农民工维权 NGO 为例》，《社会》2009 年第 6 期；周林刚、冯建华：《农民工集体行
动的策略——基于 X 厂 3 位组织精英的个案分析》，《甘肃行政学院学报》2009 年第 1 期。
④　江立华、胡杰成：《"地缘维权"组织与农民工的权益保障——基于对福建泉州农
民工维权组织的考察》，《文史哲》2007 年第 1 期。
⑤　黄振辉、王金红：《捍卫底线正义：农民工集体维权行动的道义政治学解释》，《华
南师范大学学报》2010 年第 1 期。
⑥　梁宏：《生存还是发展，利益还是权利？——新生代农民工集体行动意愿的影响因
素分析》，《中国农村观察》2013 年第 1 期。
⑦　徐晓军、张必春：《论返乡青年农民的灰恶化与集体行动风险》，《广东社会科学》
2009 年第 3 期。
⑧　田先红：《从维权到谋利——农民工上访行为逻辑变迁的一个解释框架》，《开放时
代》2010 年第 6 期。
⑨　陈柏峰：《农民上访的分类治理研究》，《政治学研究》2012 年第 1 期。
⑩　尹利民：《"表演型上访"：作为弱者的上访人的"武器"》，《南昌大学学报》（人
文社会科学版）2012 年第 1 期。
⑪　郑晓茹、陈如：《征地冲突中农民的"套路式"抗争行为：一个解释的框架》，《湖
北社会科学》2017 年第 2 期。

抗争"到依法抗争，再到缠访、闹访的"缠闹政治"。① 访民们会权衡局势，利用弱者身份"依势博弈"，不断调整自己的目标和手段。

以上研究取向以行为主义分析框架为主导，同时夹杂着一些制度主义的分析方法，聚焦于集体行动场域中多方的行为互动关系及其策略手段。人的所有行为都是由观念支配的。不论是行为互动关系还是策略手段都是心理博弈的外在表现。心理也是管窥集体行动的一个角度。因此，除了"依法"和"谋利"的分野，又有学者遵循超越利益的伦理和情感逻辑，提出了"以气抗争"。② 于建嵘认为"情感"是群体性事件的驱动力。在"泄愤事件"中群体行为表现出借机发泄、逆反、盲目从众等心理。③ "街头抗议"④ 和"偏执型上访"⑤ 等都表现出情感因素在弱势群体非理性抗争过程中所发挥的作用和机制。对所有诉求者来讲，为了达到自己的目的都必须赋予其行为和策略以合法性。如为"道义"而"道义"的抗争，竭力守住"底线正义"的动机等。

从权利主义到行为主义再到心理主义，农民工集体行动的研究经历了去伦理化、由外而内的过程。遗憾的是，已有的心理主义分析只是提供了宏观模糊的路径，没有建立起系统的概念结构。

自马克斯·韦伯提出合法性概念以来，合法性大多都被用于统治和权力的语境。⑥ 合法性表示，任何支配性权力都不能通过暴力强制来维持，而必须建筑在合法性基础之上，任何权力一般都有为自己正当性辩护的需要。⑦ 虽然许多学者对这个概念进行了丰富的阐释和发

---

　　① 施从美、宋虎：《"缠闹政治"：征地拆迁中官民互动与博弈的现实图景——兼论枢纽型乡村治理结构的构建》，《江汉论坛》2014 年第 4 期。

　　② 应星：《"气场"与群体性事件的发生机制——两个个案的比较》，《社会学研究》2009 年第 6 期。

　　③ 于建嵘：《社会泄愤事件中群体心理研究——对"瓮安事件"发生机制的一种解释》，《北京行政学院学报》2009 年第 1 期。

　　④ 谢岳：《从"司法动员"到"街头抗议"：农民工集体行动失败的政治因素及其后果》，《开放时代》2010 年第 9 期。

　　⑤ 陈柏峰：《偏执型上访及其治理的机制》，《思想战线》2015 年第 6 期。

　　⑥ ［德］马克斯·韦伯：《经济与社会》，林荣远译，商务印书馆 2010 年版，第 238 页。

　　⑦ 周雪光：《运动型治理机制：中国国家治理的制度逻辑再思考》，《开放时代》2012 年第 9 期。

挥，但是他们也没有偏离合法性的权力和统治视野。①

但是，对于诉求者而言，合法性同样重要。合法性不仅可以让诉求者获得内心的心理支持，也可以进行外在的社会动员，获得权威者的心理认同，从而达到自己的行为目的。林超超发现，上海"工潮"行动者对国家意识形态、权威领导人的言论、官方舆论倾向等来自外部的合法化资源的依赖性获取，成功实现了大规模的社会动员。② 佟新也发现，工人在反对国有企业被兼并的集体行动中，也借助于社会主义文化传统来为其群体利益的实现寻找合法性和可能性。③ 无论是马克思所说的工人阶级的"理论"④ 还是斯科特提出的弱者的"意识形态"，诉求者都会通过各种外在符号和内在理念来赋予其行为以合法性。

二　情理法：传统合法化资源的一个分析框架

除了借用现有的政治合法性资源，传统的合法性资源及其框架也是诉求者赖以运用的手段。虽然诉求者没有能力构建新的合法性表达框架，但是他们可以挖掘与权威者共享的传统合法性资源，架起一座通往权威者心理和价值的桥梁，使得自己的诉求得到权威者的认同和理解，从而达到自己的诉求目标。例如，他们对"情""理""法"的运用和表达，就是在寻找诉求者与权威者共同认可和接受的心理规范。通过这个共享规范，诉求者一方面赋予其行为和利益以合法性，另一方面试图用共享的价值框架表达来引起权威者的共鸣。

"情"是指人之常情，如荀子所言："性之好、恶、喜、怒、哀、乐谓之情。"⑤ "情"是人的情面、感情、实情和心情。"喜、怒、哀、

---

① ［美］汤姆·泰勒：《心理学视角的合法性与合法化》，马得勇译，《经济社会体制比较》2012 年第 1 期。

② 林超超：《合法化资源与中国工人的行动主义：1957 年上海"工潮"再研究》，《社会》2012 年第 1 期。

③ 佟新：《延续的社会主义文化传统——一起国有企业工人集体行动的个案分析》，《社会学研究》2006 年第 1 期。

④ 《马克思恩格斯选集》第 1 卷，人民出版社 1995 年版，第 6—10 页。

⑤ 《荀子·正名》。

惧、爱、欲、恶七者，弗学而能"①，"情"体现出的是人的本性和本能，具有很强的人格化和具体化特征。②"理"包涵着儒家关于情理、公理和天理的内涵，即蕴藏在民间习俗中的规则、传统、习惯、条理、道理，是社会共同的公序良俗和行为规范，正所谓"人同此心，心同此理"③。"理"可理解为"事理，天理"。既包含了自然秩序的天理、社会秩序的公理，还包含了人情世故的情理。理是在一定程度上超越个体化的具有一定普遍性的规则，是人们共享的社会规范。"法"即"刑也，平之如水"。"法"常用的释义为法令、规章和制度，是国家制定的一系列规定、法则，是约束百姓，治理国家的公共规范，"法不阿贵，绳不绕曲"④，它是普遍性的制度。在古代，法典以律为名，法与刑、律经常通用。在现代，法即指法律，是体现国家意志的行为规范，具有强制力、确定性和统一性。"天理""国法""人情"的"三位一体"的法观念在古代中国占据着支配地位。

　　基于此，笔者在已有的研究基础上，提出"情""理""法"分析框架来分析诉求者的文化心理结构。"情""理""法"是诉求者赋予其行为和策略以合法性的三种方式和手段，即通过"情""理""法"来赋予"利"以道德外衣和逻辑的方式，它们三者之间的关系也构成了不同的文化心理结构。为此，本研究要解决三个方面的问题：第一，分析诉求者的"情""理""法"的分布。如"情""理""法"包括哪些主要内容和语言表达形态，这些内容和表达形态在农民工的领导留言中是如何具体分布的。第二，分析诉求者的"情""理""法"的交互关系。诉求者在利的表达中是如何运用这三种合法化表达方式的，他们在诉求者心中是什么样的关系。第三，分析诉求者的文化心理结构。分析诉求者"情""理""法"的轻重次序，并与传统型和理想型模型进行比较。

---

① 《礼记·礼运》。
② 徐戍徽：《情理法的司法适用价值》，《法制与社会》2008 年第 12 期。
③ 陆九渊：《年谱》。
④ 《韩非子·有度》。

言者，心声也。① 语言是心理的外在表达，通过语言表达可以看出诉求者的内在心理结构。本研究利用语言分析方法，基于 A 省 2017 年 1 月至 2017 年 10 月总计 10788 条领导留言文本，筛选出关于农民工诉求共计 1733 条作为本研究样本，对其重点诉求内容进行语义分析。领导留言是诉求者利益表达的文本痕迹。通过它可以观察弱势群体面对权威时的心理表达方式。从他们的话语体系中分析驱动农民工信访的心理机制，以及为实现信访终极目的而贯穿其中的心理表达类型和策略。

三　情理法的表达：理论的操作化分析

在 A 省的领导留言中，诉求内容主要有工资发放、非工资发放等 19 项诉求，其中工资发放 1119 条，占比达到 69%。非工资发放包括 18 项利益诉求，共计 534 条，占比 31%。如图 4－1 所示。

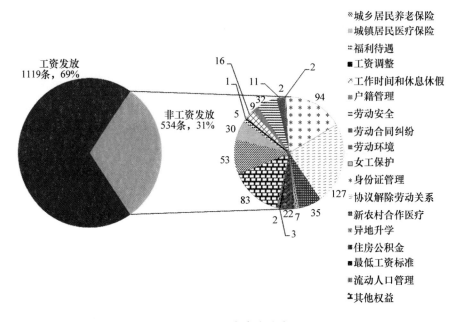

图 4－1　诉求内容分类

① 扬雄：《法言·问神》。

　　本研究主要将诉求内容概念化为三类。社会保障，如城乡居民养老保险、城镇居民医疗保险、新农村合作医疗等。基本生存，包括工资发放、工作时间和休息休假、劳动安全等诉求。身份认同，则主要体现在身份证管理、户籍管理、农民工管理等内容。其余内容归为其他类，总计 127 条，如表 4-1 所示。

　　基本生存诉求为 1326 条，占比高达 77%，社会保障诉求为 76 条，占比为 4%。基本生存诉求和社会保障诉求都是"利"的诉求，合计为 1402 条，占比高达 81%。

表 4-1　　　　　　　　　　领导留言诉求类别

	基本内容	合计（条）	占比（%）
社会保障	城乡居民养老保险、城镇居民医疗保险、新农村合作医疗、住房公积金	76	4
基本生存	工资发放、工资调整、福利待遇、工作时间和休息休假、劳动安全、劳动合同安全、劳动环境、劳动合同纠纷、女工保护、最低工资标准、协议解除劳动关系	1326	77
身份认同	户籍管理、身份证管理、异地升学、农民工管理	204	12
其他	其他权益	127	7

　　XX 省领导：您好！我叫陈 XX，务工人员。2015 年，我在木云轩务工，老板罗 XX，他拖欠我工资 13500 元（应发工资），有欠条（依法），而且按了手印（依法），罗 XX 拖欠我工资一直未付（加上我，罗 XX 共拖欠 38 个工人 508000 元工资）。我后来打电话到 XX 市 XX 区纪委，他们说这个事情不归他们管。我想问，不归纪委管，那归谁管？XX 区纪委这是行政不作为呀，形同虚设，纪委应该是这个样子的吗（愤怒）？社会呼唤正义，正义需要伸张（公理）！国家需要公正，公正需要维护！我们民工弱势群体的合法权益，谁来维护（愤怒）？我恳请纪委介入查办，查查 XX 市人民法院执行局这么做的原因，究竟是什么。将真相通告社会，给辛苦打工的农民工一个说法（情理）！万分感谢！我和另外 37 个民工的血汗钱（悲情）508000 元，已被拖欠 2 年多了，这两年我们跑了很多地方去投诉、上访，一直得不到解决。我们很失望（挫折感）！

图 4-2　领导留言编码示例

　　我们也可以根据语言性质不同把他们的留言分为两大类：陈述性语言和合法化语言。陈述性语言是对事实的具体描述，比如时间、人物、地点、事由的交待。合法化语言是诉求者通过表情、说理和依法等不同的方式（包括政治符号、意识形态）来获取合法性的语言。对诉求者而言，在给领导写信时，不仅仅要陈述事情的事实和经过，更重要的是论证行为目的的正当性，即"承认的政治"[①]。他们需要动用价值性的话语体系来提升"诉求"效果。这些价值性语言可以分为情、理、法三种类型，在三种类型之中又有不同的语言表达方式，如表4-2所示。

表4-2　　　　　　　　　　　　　领导留言的编码原则

情（a1）			理（b1）			法（c1）	
悲情（aa1）	愤怒（aa2）	挫折感（aa3）	情理（bb1）	公理（bb2）	天理（bb3）	依法（cc1）	无法（cc2）
血汗钱、小民、弱者、贱民、穷人、弱势群体、绝望	忍无可忍、草菅人命、狗官、恶棍、财狼、无恶不作	失望、多次讨要无果、百般无奈、走投无路	养家糊口、小孩上学、人心都是肉长的、上有老下有小	正义、公正、王法、权权、公道	吃饭活命、天理、生存、人命关天、无法无天	证据、文件、合同、协议书、欠条	没有提供法律证据或依据

第二节　取利有道：作为合法化
表达的情理法

　　"重义轻利"是我国占主导地位的文化心理结构。"王何必曰利，亦有仁义而已也。"[②]"盖正为社会组织从伦理情谊出发，人情为重，财物斯轻。"[③]所谓"义利之分"乃"人禽之异"[④]。对于利益，要

　　① 应星：《承认的政治》，《南风窗》2007年第20期。
　　② 《孟子·梁惠王上》。
　　③ 梁漱溟：《中国文化要义》，世纪出版集团、上海人民出版社2005年版，第74页。
　　④ 李泽厚：《中国古代思想史论》，人民出版社1985年版，第234页。

"见利思义""义然后取"。①　"利"的获得必须要有合法性基础。"情—理—法"是一般大众所普遍认同的行为道德手段，支配着人们的交往行为选择和利益衡量。诉求者在给领导写信过程中，动之以情、晓之以理、诉诸以法，终极目的是实现对"利"的追求，通过赋予"利"以合法性来获"利"。在此过程中，情、理、法时常交织在一起，彼此之间并不必然冲突，而是交互融合、互动共生。②　其目的是突破利益诉求本身，寻求身份认同与承认，使其行为具有合法性，获得其他人的心理认同，最终达到内心平衡和修复。"君子爱财，取之有道"，无论是何种"利"，诉求者都需要赋予其正当性。因此，他们在对自身遭遇进行"概述"以提升叙述效果进而赋予信访行为合法化过程中，必然要通过自身情绪表现引起同情与怜悯（情），或运用社会普遍接纳的信条准则及是非判断标准（理），抑或引用现有的成文规则和法条（法）说服对方获得正当性。农民工在叙述自身遭遇时，对"情、理、法"这一思维框架的动员较为普遍。通过情感的符号方式、富含"理"的诉求内容和客观存在的法律依据引发别人的共鸣。

一　动之以情：在合法化与心理宣泄之间

众所周知，中国社会是一个重人情的社会。人情是人的自然情感，通晓人情的人能够将自己在各种生活处境中的感受推己及人，这即所谓"己所不欲，勿施于人"③。进一步说，个人必须与家人讲亲情（特别是孝悌之情），与朋友讲友情，与熟人讲人情，与自己关系越近，人情越重，而与自己毫无关系的陌生人则被排在人情关系圈之外。④　但是，情不同于理。情是具体的、客观的、人格化的，理是抽象的、主观的和普遍性的。情可以通过推己及人形成"理"即为

① 《论语·里仁第四》。
② 胡克明：《我国传统社会中的情理法特征——交互融合与互动共生》，《浙江社会科学》2012 年第 2 期。
③ 《论语·卫灵公》。
④ 应星：《"气"与中国乡土本色的社会行动》，《社会学研究》2010 年第 5 期。

情理。

　　情既是民情、人情的映象，又是世情、实情的体现，体现出人最原初的本性和本能。在弱即正义的认知世界里，为了使其行为具有合法性，部分诉求者试图通过自身情绪表现引起社会关注与共鸣，造成规模效应。诉求者动员的情感主要有三种：悲情、愤怒、挫折感。悲情以弱者的弱势面目出现，通过对苦难的深入书写来唤醒激发对方的怜悯。在对"悲情"这一思维框架动员上，一般会通过对自我的矮化等语言乞求政府。愤怒则以弱者的强势面目出现，通过斥责、质问等具有攻击性的方式宣泄不满和攻击对方。挫折感以过去的失败来渴求对方的救赎，以过去的失败暗示对方的"正义"。挫而生悲，悲则生怒，三种情感在不同情景中互相转化。

　　情的表达有两个方面，他们是相互依存的：一是"直接事实"即事实的陈述，对具体情况的叙事和解释的敞开；二是"背景事实"即情感的表达，即对事实的心理立场和情绪倾向。① 诉求者对家庭苦难和工作态度的深度叙述、对诉求对象的非道德事实的描述等等无不是通过事实的陈述来实现情感的表达。无论是古代还是当今，民间舆论和当事人的意见通过情的表达机制也能被或多或少地吸收到判决中来，实现利的合法化。这也是司法合法性的社会基础。②

　　情的共鸣具有强烈的人格化色彩，它依赖于旁观者的"感同身受"。旁观者需要有苦难的想象力和感觉判断能力。但这些都需要旁观者有着诉求者共同的经历和情感。③ 所以，情的表达一般只有对共同经历的相近群体和阶层才是有效的。这得到实证研究的印证。一些诉求者一旦未达到他们的期望值，他们便寻找"情感"武器，采取"表演型"上访的形式，用"哭泣、下跪"等动作感染人，"自杀"

---

① 崔明石：《情理法的正当性：以"情"为核心的阐释——以〈名公书判清明集〉为考察依据》，《吉林师范大学学报》（人文社会科学版）2011 年第 2 期。

② 张正印：《事实的敞开：情理法判案模式的合法性构造》，《东方法学》2008 年第 3 期。

③ ［英］亚当·斯密：《道德情操论》，谢宗林译，中央编译出版社 2008 年版，第 23 页。

等极端手段以求产生轰动效应，引起弱者的共鸣。

情在合法化与心理宣泄之间徘徊。情往往因为"情不自禁"超越最初预期的界限，仅仅成为心理的宣泄和出气。"气"是一种情绪表现，是中国人抗拒藐视、追求认可的情感驱动。[①] 同时也是维护利益、赢得尊严的人格价值展现方式，更是利益合理性的反向表达。

通过表4－3分析，悲情的表达最少，占比10.5%。愤怒宣泄较多，达到11.5%。而行为挫折感最多，为15.6%。根据舍勒的研究，人的情感可分为意向性情感和状态类情感。状态性情感是人的自发的内在心理状态；意向性情感是具有价值的外界的反应的结果。[②]无论是悲情、愤怒还是挫折感，它们都是农民工基于情、理、法等社会价值"失范"的心理反映，它们的外化表达是对自己行为合法性的反向证明。

表4－3　　　　　　以"情"为诉求指向留言中的结构

	符合（条）	百分比（%）
悲情	182	10.5
愤怒	200	11.5
挫折感	271	15.6

二　晓之以理：理的运用及其滥觞

在"理"的层面上，理指某种超越时间和空间，具有永恒意义的客观真理。[③]"理"包括由共同情感所衍生的共同认知的情理、社会公认的现世规则的公理和作为社会以及自然的终极判断标准的天理。三者在本质上是理在不同层次以及不同情境下的表达。

作为城市建设的一分子，却在畸形的社会结构下，自我身份无法

---

① 应星：《"气"与中国乡土本色的社会行动》，《社会学研究》2010 年第 5 期。

② ［德］马克斯·舍勒：《爱的秩序》，林克等译，上海三联书店 1995 年版，第47 页。

③ 潘文爵：《中国古代法律推理大前提的构建——基于中国文化语境中情、理、法的分析》，《法制与社会》2011 年第 18 期。

得到认同。各部门"踢皮球"式的行为突出了政府部门的"不近情理"。"您是一位市长同时也是一个伟大的父亲"可以看出农民工努力寻求身份认同感，体现了一种"身份的交互性"。接着从道德伦理角度进行阐述，"农民工父亲用命换来的血汗钱"于情于理都不应该被拖欠，而事实却与特定"认知管道"发生冲突，就会"不可理喻"。通过强化一种无助感、无力感，运用弱者身份倾向于以情理来说服人、感动人，借用"侵权—维权"话语引起社会、公共机构的感同身受，对社会、国家形成一种朴素的情感依赖和归属感。①

　　情理是由共同情感所衍生的共同认知，是基于人与人之间最底层的人情世故。理出于情又要节制指导情，在这里情理是贯通的、一致的，通情则达理，合情就会合理，正所谓"天理无非人情"。② 中国自古以来是一个注重人情的社会，农民工在信访过程中也难以摆脱人情的逻辑。倾向于以情理来说服人、感动人，将利的合法化过程与社会伦理道德、居家情感相联系，从而引起对方的感同身受，体现出一种"推己及人"的互换性思维。

　　公理超出了一般的人情事理，提升到某种共享的、公开的规范体系。相对于情理而言，它反映了一种深层的心理结构。"大道之行也，天下为公"，作为社会中的现世规则的公理，制约着每个人的行为规范。

　　在领导留言文本中，农民工目标的合法性与结果的不确定性往往共存。在论证其自身诉求合法化时对"公道""公理"等诉求中寄托的是对整个社会资源分配、公权力的运用上"公"的原则的期望。无论是诉求者还是权威者，一旦对"公理"处理不当，不仅损害一

---

　　① 吕程平：《"理"的逻辑：认同、交互与抗争——基于 A 省网民拆迁类留言的分析》，《管理世界》2015 年第 2 期。
　　② 范忠信等（2011）认为，中国人的天理核心内容是伦理纲常，是"自然法则"由此逻辑而推演出来的一切"道理"。天理基于自然法的一般性规律，它与伦理纲常处于不同的层次。正所谓"礼者，天理之节文，人事之仪则"。天理是伦理纲常的自然法依据。在中国人看来，社会秩序与宇宙秩序是统一的，对社会秩序的破坏也就是对宇宙秩序的破坏。参见布迪（Derk Bodde）、莫里斯（Clarence Morris）《中华帝国的法律》，江苏人民出版社2010 年版。

般意义上的人情事理，而且也会破坏更深层次、更具破坏性地伤害到具有非成文法性质的公共规范体系。

天理即天下公认的大道理，是民众心中神圣的价值标准，是天经地义的事，是最高的法律准则。作为社会与自然的终极判断标准，天理是自然法的延伸，是人民认为的不能僭越的"天线"。天理往往内化于人们心中最深层次的人生信条。在他们信访过程中很少有人提及天理，除非已经触及他们内心深处最高的行为准则，感受到天理的泯灭。

根据上述区分天理、公理、情理的规则，在1733个样本中将总留言数统计得出公理为754条，占比43.5%；天理次之，为238条，占比13.7%；情理占比最少，为11.4%（见表4-4）。公理明显处于主流地位，由此推断公理是人与人之间广泛的规则与认同。通过阐述来引起社会对公平、正义的追求与呼吁，"说理、公道、公正"等话语在认知层面上形成了对公共机构新的价值认知和判断，从而引起最广大公众的认同感。

表4-4　　　　　　　以"理"为诉求指向留言中的结构

	符合（条）	百分比（%）
情理	197	11.4
公理	754	43.5
天理	238	13.7

三　诉之于法：法的运用及其限度

在领导留言文本中，为了辨别农民工的依法维权意识，我们根据农民工在信访诉求中是否明确利用法律、法规、条例以及合同、借条等证明自己的利益受到了侵犯来定义依法和无法律依据。如果农民工在诉求中明确举证自己的利益受到了侵害，我们则将其称为依法，否则将其统称为无法。

诉诸法律依靠正常渠道解决问题，是正义与合法性并存的有理上访。但农民工的自力救济由于其明显缺陷往往被抛弃，行政救济、司法救济需要付出高昂的成本和时间精力且效果甚微，因此这一诉求群体目标的合法性、结果的不确定性往往共存。

但通过统计分析，由表 4 - 5 可知，未提及法律的留言数为 1408 条，占比为 81.2%。而有明确法律依据的留言文本数仅 187 条，无法无据的占比远远高于依法。（根据留言语境分析有 1595 条，小于总样本 1733 条，说明还有 138 条留言未提及有关法律的内容，但并不影响总体样本。）这表明目前农民工利用法律武器捍卫自己利益的能力依然较弱，法律的普及率在农民工群体中依然不高，其行为驱动力依然源于长期内化于他们心中的情与理。

表 4 - 5　　　　　以"法"为诉求指向留言中的结构

	符合（条）	百分比（%）
依法	187	10.8
无法	1408	81.2

第三节　情理法的交互关系：三种文化心理结构

"天理""国法""人情"的"三位一体"法观念在古代中国占据着支配地位。[①] 中国古代法律的制定强调三者的统一，所谓法律要"上稽天理，下揆人情"，"揆诸天理，准诸人情"。[②] 但是，事实上三者存在明显的差异。"法为官府所持，乃有司之职分，百姓原则上无缘置喙，但作为补充性的规范基准，情则是以民众意见为本位，与所谓公论近似，又随民众生活的形态而有区别，如宗族、村落、厢坊等。"[③] "情"是事实的延展及其基础上的心理状态，"理"是一定规模共同体共享的社会规范，"法"则是国家制定的制度规则。三者在

---

① 范忠信、郑定、詹学农：《情理法与中国人》（修订版），北京大学出版社 2011 年版，第 16 页。

② 霍存福：《中国传统法文化的文化性状与文化追寻：情理法的发生、发展及其命运》，《法制与社会发展》2001 年第 3 期。

③ 范忠信、郑定、詹学农：《情理法与中国人》（修订版），北京大学出版社 2011 年版，第 16 页。

人们心中的不同轻重次序形成了三种不同的文化心理结构。

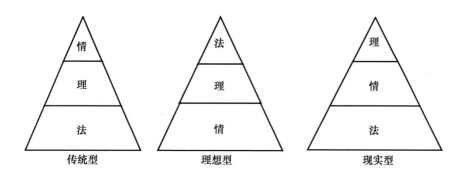

图4-3　情理法的三种关系模式

一　传统型：情理法

在古代，我国情理法的逻辑顺序为"情为源，理为用，法为末"①。在中国人看来，"合情"是最重要的，"合理"次之，"合法"最次。传统社会中的情理法体现了人们对于合情、合理、合法的诉求。其中"情"居于金字塔的顶峰，"理"位于第二位，"法"处于最低的层次，呈现出金字塔状。这就是所谓的"人情大于王法"。于是乎"礼（理）所不容，国法不容""法不外乎人情"是人们共同的观念。②

中国社会的情理特征决定了人们的所作所为不但要合乎法的尺度，更要合乎情与理的要求。重视社会关系和谐的传统社会，应对纠纷时具有寻求调解的偏好。在熟人社会的村庄生活中，人情作为"关系网"内习俗所认可的人际交往规则基本可以协调社会矛盾。③ 所

---

① 周博文、杜山泽：《情理法：调解的法哲学思维解析》，《湖北社会科学》2012年第11期。

② 对于情理法在古代法律实践中的轻重秩序，范忠信等（2011）以及周博文和杜山泽（2012）都有一致性的分析，即情为重，理次之，法最轻。潘文爵（2011）的研究也发现，古代司法官在判案中注意具体情境中的特殊性，重视当事人的感受、心情，其职责不在于根据严格的法律准则判定当事人权利的有无，而是根据案件的具体情节找出符合情理的解决方案，恢复或者重建争议双方的和睦关系。

③ 曹锦清、张乐天：《传统乡村的社会文化特征人情与关系网——一个浙北村落的微观考察与透视》，《探索与争鸣》1992年第2期。

以，中国人自古就不鼓励诉讼，并称之为"贱讼""恶讼"，希望以"人情"之法来息讼。因此，信仰情、理、法兼顾或"三位一体"的中国人，对国外"法律至上"的传统是难以接受的。[①] 道德伦理与社会民情风俗往往凌驾于法律之上，在司法判断时比纸页上的律法更能警醒与约束民众。因而情理法在风俗人情、伦理规范、社会治理等方面成为左右人们为人处事的重要力量，特别是体现价值观取向、心理活动反映的情感在古代占据着重要地位。[②] 不仅仅被理解为法律的合理性依据，同时在司法实践上也转换成一种解决社会纠纷与矛盾的司法技术。

同样在中国的文化语境中，"情理法"也成为为政者解决冲突与问题的一条路径选择。首先对老百姓动之以情，进行"教谕式的调停"。[③] 在具有现实的"人情味"的同时必须满足政府的政策目标要求。其次是晓之以理。将各种"大道理"转化为贴近群众生活的易于接受的"小道理"。再次是系之以利。在做到情真理切、情理结合的基础上切实从群众利益出发，为广大群众谋福利。最后在情理利都行不通的情况下诉诸法律。[④]

二　理想型：法理情

法在本质上是一种价值判断，具有明显的客观性、公共性。即法统情理、法即天理是理想中的状态，强调了合法性与行为规范性的统一。它为情理设定了边界，通过法律规范传递国家态度，要求公民遵循国家认同的价值行为方式，避免私欲泛滥、道德缺失。在法的前提下，约束人们行为的社会规范、伦理道德的礼（理），如惯例、传统等是法律的评价标准。虽然情理不是规范化的一般价值判断，特别是

① 范忠信、郑定、詹学农：《情理法与中国人》（修订版），北京大学出版社 2011 年版，第 16 页。

② 胡克明：《我国传统社会中的情理法特征——交互融合与互动共生》，《浙江社会科学》2012 年第 2 期。

③ 范忠信、郑定、詹学农：《情理法与中国人》（修订版），北京大学出版社 2011 年版，第 16 页。

④ 施曙红：《把握"情·理·利"做好群众工作》，《江苏法制报》2014 年 3 月 4 日。

带有浓厚个人色彩、主观性强的情感。但可以从情理的话语中剥离出其中的思想观念和行为模式并发现其内在的合理性，将最能体现公众意志、社会利益的情理转化为有约束力的法律规范，最终赋予其合法性。[①]

在法理情结构框架下，人格化色彩依次减弱，可以最大程度地降低人们行为的不可预期性。法为人们提供明确的行为规则，理为有利于冲突的和平解决，情因为其人格化和权变性最难以控制。如果反向排列，那么在遭遇某种需要解决的问题或情况时，不是依据明确而稳定的制度安排来解决，而是依靠一次次非理性博弈，个人和组织都易陷入机会主义的自利性的"囚徒困境"。[②]

三　现实型：理情法

理包含着儒家天理和事理的内涵，即蕴藏在民间习俗中规则、习惯、条理等，是社会共同的公序良俗和行为规范。[③] 理在不同层次以及不同情境下分为由共同情感所衍生的共同认知的情理、社会公认的现世规则的公理，以及作为社会和自然的终极判断标准的天理。

理是情与法的桥梁。"通情则达理"，理出于情又要节制指导情。情之中的部分惯例、习俗通过习得、传播、更替转变成社群不成文的行为规范，内化为人们内心和外在的"理"，即外在秩序的伦理和内在秩序的良心。他们将自身的遭遇诉诸情理、公道并最终呼求天理的过程实质上也是寻求利的合法化途径。通过这种约定俗成的具有一定公共性的抽象依据，以不成文的形式或赋予自身行为以合法性。

基于 1733 份领导留言的文本分析，农民工在表达诉求的过程中对理的运用高达 1189 条，尤其是代表社会公共规则的公理运用最多，为 754 条。其次，情的运用达到 653 条。最后，依法的只有 187 条。

①　汪习根、王康敏：《论情理法关系的理性定位》，《河南社会科学》2012 年第 2 期。

②　金太军、赵军锋：《基层政府"维稳怪圈"：现状、成因与对策》，《政治学研究》2012 年第 4 期。

③　范忠信、郑定、詹学农：《情理法与中国人》（修订版），北京大学出版社 2011 年版，第 16 页。

由说理到表情再到依法，这是当前我国弱势群体"利"的合法化表达的主导模式。他们"维利"行为驱动力依然源于长期内化于他们心中的理与情，更多的秩序安排或纠纷解决依仗的是融公理人情为一体的道德伦理规范，法律的心理表达依然比较淡薄。这构成了当前中国信访心理表达的基本结构。

当前对集体行动研究的几个理论框架，如"集体维权""谋利型上访""无理上访""气"分别是从"法""利""理"和"气"的角度来探讨的，大家各执一词、互不相让。也有的论点自我矛盾、漏洞百出，其主要原因在于在"法""理""情""利"之间没有构建一个统一的理论框架。"合法化"理论把"法""理""情"看作是"利"的合法化方式，在"法""理""情"与"利"之间架起了一座解释桥梁，并且把"法""理""情"统一在一个理论框架之内，避免理论碎片化导致的片面论断。

无论对于权威者还是诉求者，赋予其行为以合法性都是很重要的。对权威者而言，行为的合法化可以大大降低治理成本。对诉求者来说，行为的合法化不仅可以让自己在行为输出时获得内心的安定即"出气"①，也可以激发他者的心理认同，继而实现自己的诉求目标。农民工在给领导留言中，无论是表情、说理抑或依法，都是试图赋予其利益维护的正当性以抵御义利文化对"利"的追求的限制。但他们不是意识形态的创造者，只是在社会共享的社会规范之内寻找有利于自己的合法性资源。

本研究的分析也证实了斯科特对弱者诉求的研究结论，弱势群体的抗争无一例外都是基本物质资源的诉求，也就是对自己基本物质利益的维护。② 这意味着，集体行动都是为了"谋利"。这对既有的"谋利型上访"概念形成了很大的挑战。③"谋利型上访"被界定为积

---

① 应星：《"气"与中国乡土本色的社会行动》，《社会学研究》2010 年第 5 期。

② ［美］詹姆斯・C. 斯科特：《弱者的武器》，郑广怀、张敏、何江穗译，译林出版社 2011 年版，第 358 页。

③ 田先红：《从维权到谋利——农民工上访行为逻辑变迁的一个解释框架》，《开放时代》2010 年第 6 期。

极主动争取额外利益的行为，是有待商榷的。一是"额外利益"的范围很难界定；二是"额外利益"存在合情合理合法的可能性。"谋利型上访"应该限定为不合情不合理不合法只为谋求利益的上访。

有学者认为，"无理上访"是当事人诉求明显不合法、不合理的上访。此种观点以"不合法"为尺度来确定"不合理"，否定了"不合法但合理"存在的可能性，混淆了法与理的概念。① 更重要的是，"无理上访"是个模糊性的概念。因为理有不同的层次、不同的标准。如"无理上访"中的"理"是在情理意义上还是公理意义上抑或天理意义上，我们都不得而知。正所谓"公说公有理，婆说婆有理"，不同的人因为比照"理"的标准不同，有理还是无理的判断结论也会相差很远。以有理无理作为行为的判定标准时，"理"的裁判者享有很大的自由裁量权，他们可以在情理、法理、天理中选择对自己最有利的标准，而诉求者在说理时也会选择对自己最有利的标准，当二者出现不一致时就会产生新的社会矛盾即再生性社会冲突。

现实型的理情法文化心理模式意味着诉求者的文化心理结构仍然处于从传统型向现代型转变过程之中。在这个阶段，情理法的综合运用对于集体行动的化解和社会风险化解有着重要意义，"说理"和"说情"在很多情况下比"说法"更有效，心理干预也许是集体行动治理中很重要的策略和手段。需要注意的是，情理法的综合运用需要权威者和诉求者的匹配，要避免"你跟他讲法律，他跟你讲人情，他跟你讲道理"，双方需要在同一的合法性轨道上阐释。相对于法律而言，情和理毕竟是主观的合法性依据，没有统一的标准。所以，情理法综合运用、以法为主是未来集体行动应对应该遵守的原则。

---

① 陈柏峰：《无理上访与基层法治》，《中外法学》2011 年第 2 期。

第五章 新生代农民工自主型集体行动的社会心理机制之二：心理动员机制

人们在研究集体行动现象时，社会动员机制往往是个不得不讨论的问题。学者们大多会运用资源动员理论或者对其进行改造来对集体行动进行解释。比如，杨振华发现，在集体行动的动员策略里，明确的群体目标、多元的参与主体、有效的群体沟通、专家学者的支持、大众媒体的传播等是非常重要的方式。[1] 杨华、罗兴佐把农民的政治动员方式分为三种类型：传统动员、信任动员和技术动员。传统动员是通过亲情、人情和面子等传统资源来进行动员。信任动员是通过自己的地位、名誉和政策收益等取悦村民。技术动员是技术手段、方法技巧、资金等来提高动员能力。[2] 诸如此类的学术论文已经汗牛充栋。但是，讨论集体行动的心理动员机制的文献仍然是凤毛麟角。因为，我们研究集体行动时一般直接的反应是讨论集体行动的行为方式，但是集体行动的形成其背后隐含的力量是群体的心理状态。所以集体行动的心理动员机制是我们无法回避的话题。心理决定行为，行为又会塑造心理。所以，集体行动的形成是心理演化的结果。心理动员就是其中非常重要的一个环节。本章将以周某某等集体信访案件为例来分析新生代农民工集体行动的心理动员机制。

---

[1] 杨振华：《环境群体性事件的衍生机制与治理路径——基于资源动员理论的多案例分析》，《华北电力大学学报》（社会科学版）2021年第4期。

[2] 杨华、罗兴佐：《阶层分化、资源动员与村级贿选现象——以东部地区 G 镇调查为基础》，《南京农业大学学报》（社会科学版）2018年第2期。

　　周某某和张某某、佘某某、吴某某、雷某某系 H 省 H 市机制砖瓦厂雇佣的农民工。机制砖瓦厂是 20 世纪 80 年代建立的村镇企业，该厂职工基本上都来源于周边的村民，该厂用工临时性较多、流动性较大，有的用工几天有的用工十几年，但是该厂用工没有签订正式的劳动合同。该厂在 2016 年因为经营不善而停产歇业，原职工均离厂返村从事农业生产或自谋职业。从 2017 年起，周某某连同张某某、佘某某、吴某某、雷某某等 20 余人到市、省、国家等有关部门集体信访，要求解决城镇企业职工养老保险问题和工厂欠薪问题。区人社局、原市国土局、市不动产中心、公安局、街道、政府行政复议机关等有关政府单位都作出了政策性解释和出具处理意见书，但是周某某等人一直坚持集体信访，要求为曾在该厂工作的 243 名农民工办理企业职工养老保险等问题和补偿工厂赊欠职工工资问题。

表 5-1　　H 省 H 市机制砖瓦厂信访群体代表基本情况一览表

姓名	性别	年龄	户籍	文化程度
周某某	男	34	C 街道 J 社区	高中
张某某	男	26	Y 街道 C 村	初中
佘某某	男	28	Y 街道 Y 村	初中
吴某某	男	30	Y 街道 Z 村	小学
雷某某	男	27	X 街道 X 村	初中

资料来源：H 省阳光信访信息系统，《周某某等人信访事项卷宗》，H 省信访局。

　　在周某某等人集体信访的四年里，笔者曾多次前往 H 市进行现场调研，采集了关于该事件的一手资料。这些资料包括政府文件、政策法规、工作总结、简报、数据、工作台账、案例档案等。在调研期间，笔者与 H 市信访局、人社局、公安局、民政局以及所辖乡镇、村工作人员、周某某和张某某、佘某某、吴某某、雷某某进行了多次座谈。座谈会先采取无结构化方式进行。通过无结构化访谈发现该事件的来龙去脉，了解周某某等人的行为、心理和动机。在研究方法上，本章以个案质性研究来揭示新生代农民工集体行动的心理运行逻辑。

个案研究的优势在于能够发现社会发展中产生的新议题，通过详尽的经验事实来呈现事件发生的具体过程和发生机制。但缺点在于案例的代表性往往存在不足①，即所谓"一案例一理论"以偏概全问题。但是，中国的行政体系是自上而下设置的，不同城市的政府部门和运行机制具有较高的相似性。② 我国是个大一统的国家，人们的社会文化心理和行为方式有着较大的相似之处，所以通过本案例的分析和研究我们可以管窥到农民工群体集体行动的心理动员机制。

第一节　利益捆绑：成本收益的谋利心理

对集体行动的解释千差万别，但无论是政治的解释、社会的解释抑或心理的解释，它始终无法逃避一个基本的逻辑，集体行动的发端大多与利益有着千丝万缕的关系。这种利益有可能是因为受损产生的不公平感，③ 也可能是为了积极施压来获得更多的谋利空间。④ 但无论如何，集体行动与成本收益的理性计算有关。利益计算可以建构群体成员的谋利动机，通过给予利益承诺来获取群体成员的信任，通过利益捆绑建立利益共同体，形成攻守心理同盟。

一　利益计算：谋利动机的集体合成

根据公共选择理论，私人行动和集体行动的终极决策者是行动者个人，个人通过利益计算、偏好选择来决定采取私人行动或集体行动。集体行动中的集体是虚幻的，集体本身无法作出选择也无法采取行动，集体行动是个人行动的集合体，集体行动是个人通过集体来实现自己最大目的的个人行动选择。由于每个人都有不同的偏好、不同

---

① 卢晖临、李雪：《如何走出个案——从个案研究到扩展个案研究》，《中国社会科学》2007 年第 1 期。

② 朱光磊：《当代中国政府过程》，天津人民出版社 2008 年版，第 256 页。

③ 游正林：《集体行动何以成为可能——对一起集体上访、静坐事件的个案研究》，《学海》2006 年第 2 期。

④ 郑永君：《属地责任制下的谋利型上访：生成机制与治理逻辑》，《公共管理学报》2019 年第 2 期。

的能力和条件，个人对成本收益的计算也不尽相同，所以个人对是否采取集体行动的决策也不会相同。① 集体行动是以个人利益计算为前提的，它是个人在利益计算基础上而采取的共同的行动。

在亚当·斯密看来，个人决定是否参与集体行动不是什么集体的决定，而是个人基于理性计算之后的理性决策行为。集体行动之所以达成是因为个人利益与集体利益之间形成了共赢，或者集体行动可以最大化个人利己主义的目的实现，从而个人试图通过参与集体行动来实现自己的利益最大化。人们参与集体行动以供给各类物品，是出自各自理性算计后的理性决策行动，也即个人利益与社会利益之间可以自动协调，从而个人利己行为的极大化能够自动地实现整个社会的利益。集体行动表面上是集体利益的实现，然而其背后是基于个人利益与集体利益的自然通约而实现的。所以，集体行动实际是基于个人利益的个人行动的共同选择。②

在 2012 年，周某某和同村的张某某、佘某某、吴某某、雷某某等人来到 H 省 H 市机制砖瓦厂打工谋生。该厂因为经营不善而停产歇业。周某某后来得知 G 省农民工通过信访解决了城镇职工企业养老保险问题。于是，他开始动员张某某、佘某某、吴某某、雷某某等人集体信访，要求解决该厂原职工企业养老保险问题。他们多次到市区、省、国家有关部门信访百余次，各级信访部门和政府机构均作出了政策解释工作，但是他们仍然继续集体信访。周某某等人不愿意通过诉讼途径解决争议，寄希望通过成本较低的上访途径解决问题。在此过程中，周某某反复跟张某某、佘某某、吴某某、雷某某等人劝说，如果一旦解决城镇职工养老保险问题，他们的收益是终生的，可以一劳永逸地解决未来

---

① ［美］布坎南、塔洛克：《同意的计算》，陈光金译，中国社会科学出版社 2000 年版，第 23 页。

② ［英］亚当·斯密：《国民财富的性质和原因的研究》（下卷），郭大力、王亚南译，商务印书馆 1974 年版，第 126 页。

的养老问题。①

　　该集体信访事件的起点在于周某某的心理动员,是周某某受到其他信访案件成功经验的启发而发动的。在事件中,我们可以清晰地观察到周某某的行为动机。在其他省份信访案例的示范下,周某某认为他也可以获取成功。而且一旦获取成功,他不仅可以解决自己的城镇职工养老保险问题,而且他还可以在信访过程中谋利。在周某某对张某某、佘某某、吴某某、雷某某进行心理动员时,他主要采取了两种策略:一是强调先例的示范效应,强调成功的可能性;二是进行导向性的利益计算。按照周某某的陈述,他们的集体信访投入成本少,获益空间大,因此具有很强的利益冲动。

二　利益承诺:心理预期的强化

　　利益计算作为一种动员方式是领袖或者核心成员为群体成员塑造利益认知的行为。因为每个人的经历、性格、知识和能力水平不同,人们对利益的认知和计算方式也有很大差异。周某某为群体成员进行利益计算其实是按照自己的逻辑和偏好进行计算的。他可以利用他与群体成员的信息不对称来作出有利于自己决策的利益计算,所以利益计算的过程也是认知塑造和心理动员的过程。

　　当然,利益计算只是解决了利益认知问题。利益如果无法实现那么也是无意义的利益。所以,对于集体行动者来说,谋利行动的启动不仅仅在于认知到利益的存在,更重要的是要确保谋利行为是否可以成功。在行为结果还没有产生的情况下,领袖或者核心成员可以通过利益承诺来强化群体成员对集体行动的心理预期。首先,他强化成功案例的示范效应,以其他成功案例来论证其集体行动的合法性和人们对谋利的心理预期。其次,他通过自己与其他人的利益捆绑和利益输出来制造自己的强心理预期。最后,他承诺一旦行动成功他会分享更多的收益。

---

① 资料来源:作者 2017 年 8 月 12 日调研资料,资料编码:HG20170812。

2018 年至今，周某某等人以承诺解决城镇职工养老保险为诱导性，向在该厂曾经工作过的同志收取 300—4000 元不等的费用，涉及人数 243 人，收费约 20 万元。周某某承诺凡是交费后均可以享受同样职工的补偿待遇并解决城镇职工养老保险，到期可以返利 1000—2000 元不等的收益。而且，城镇职工养老保险的收益会大大超过农村养老保险的收益，虽然大家现在交了一些费用，但是它相对于大家的收益而言那是九牛一毛。

周某某向群体代表多次分析和阐释 2006 年《湖北省人民政府关于完善企业职工基本养老保险制度的意见》和 2011 年实施的《中华人民共和国社会保险法》，这些政策规定，职工应当参加基本养老保险，由用人单位和职工共同缴纳基本养老保险费。周某某指出，国家政策要求在全国范围内实现基本养老保险城乡全覆盖，包括农村集体所有制企业用人单位。那么，作为农村企业用人单位，也应该为企业原职工解决城镇职工养老保险问题。周某某向职工代表说明，在 G 省许多农民工都通过信访方式解决了城镇职工养老保险问题，我们应该有理由相信 H 市政府也应该解决。[①]

周某某对案件的政策分析强化了人们对集体行动成功的心理预期，他自身对信访的经济投入也强化了人们对其集体行动的信任。更重要的是，周某某对其他人低投入高收益的承诺，让群体成员更多地看到了集体行动可能带来的巨大收益，从而忽略了大家对其行为的风险判断。周某某的这些行动建立于他与群体成员的承诺——信任关系，使群体成员有理由相信集体行动必然会成功而且其收益是高于人们的投入的。

三　利益共同体：心理同盟的建构

集体行动虽然是个体的理性选择的集合，但是它仍然要求群体成

---

① 资料来源：作者 2021 年 12 月 26 日调研资料，资料编码：HBSXFJ20211226。

员之间采取相互协调一致的行动，这要求群体成员之间形成行动同盟。行动同盟的建构需要在群体成员之间建立联系和纽带，协调统一的行动规避破坏集体的行为。其中，群体成员之间的利益勾连是确保心理攻守同盟的要素。通过利益共同体的塑造来建构心理同盟，主要有三种方式：第一种是建立集体基金，用规则来实现其公共化运作；第二种是惩治个体行动者，对个体越轨行为进行硬性约束；第三种是强化公共利益的表达，形成对个体利益的道德约束。

　　虽然有人向周某某索回交款，但周某某拒不退还，表示已经用于信访事务。并且多次向交款人表示，当时交款都是自愿的，大家向基层政府提出诉求都是共同商议的结果。周某某提出，如果一旦退款集体诉求将无法得到实现，这势必损害所有职工的利益。他多次要求其他几位核心成员去做要求退款人的思想工作，不要因为一己私利影响大家的集体诉求。

　　周某某以原机制砖瓦厂职工办理养老保险为名义收取费用，其中收取原砖瓦厂职工万某某费用1100元，并承诺到期返利1000元，收取余某某费用3600元，并承诺到期返利1200元，收取尹某某费用1800元，并承诺到期返利2000元。①

　　对于周某某而言，利益计算解决了集体行动的心理动机问题，利益承诺解决了集体行动的心理预期和信任问题，利益共同体的塑造则解决了集体行动的心理同盟问题。利益共同体的塑造通过利益群体成员捆绑在一起，从而把成员之间的关系利益相关化、集体结构化，在心理上形成攻守同盟。心理同盟的形成虽然不可能确保所有人都采取协调一致的集体行动，但是它有助于集体对个人私人行动的规制和引导。心理同盟的建构也在群体成员心中形成"我们"的集体自我认同，在"我们"与其他人之间划定了清晰的、标志性的边界，区别了"我们"和"他们"，强化了群体成员的集体意识和身份感，这是

①　H市公安局Y派出所：《关于周某某等人信访事项相关情况调查的说明》。

任何集体行动都必不可少的条件。

第二节　移情投射：不满情感的植入

奥尔森集体行动理论在解释农民工集体行动时存在一定的短板。奥氏基本研究方法是新政治经济学的方法论的个人主义之经济人假设，其理论精髓在于基于成本收益的利益计算来推导集体行动。这无法解释农民工集体行动中的利益无关者的参与行为，原因在于集体行动除了利益因素外还有很重要的心理因素。在新生代农民工内心，无力感和不满情绪既是非常强烈的又是并存的。强烈的无力感使得长期积聚的不满情绪无法发泄和表达，为蝴蝶效应的发生积累心理基础。在外来因素刺激下，不满情绪找到了可以寄托的发泄渠道，再加上他者的示范效应、行为暗示和自我的心理投射，行为冲动达到阈限。奥尔森集体行动理论没有考虑集体行动者的这些心理因素。于建嵘的研究涉及集体行动心理机制，发现外在压力是影响集体行动效率的重要因素。但是集体行为的形成是环境刺激和心理需求互动的过程。

新生代农民工集体行动中，利益权利受损等外在环境刺激是集体行动的激发因素，决定其集体行动的内在心理机制不可无视。不满情绪和心理投射会激发新生代农民工采取行动，但未必是集体行动。他们的集体行动还有赖于群体生活和群体意识。首先，有关研究表明，新生代农民工有着更强的群体意识和群体认同。第一代农民工作为农民工群体的开拓者，他们的社会关系网络没有随着他们一起进入城市，而是在他们进城之后建立起来的。但是新生代农民工在进城之前就已经有了比较丰富的社会资本。再加上第一代农民工的代际传承和社会体制的社会化，新生代农民工在群体意识和群体认同方面要比第一代农民工早熟得多。其次，新生代农民工内心不满情绪和无力感的交织让他们的政治意识进一步情绪化并在群体内部交互影响，这进一步加强了他们的群体性情绪。最后，新生代农民工已经发展出一套心理动员机制。集体行动的动员有多种方式，如政治动员、利益动员、组织动员等，新生代农民工集体行动的动员更加依赖心理动员。因为他们缺乏政治理论建构能力，也没有利益奖赏机制和组织运转体系，但是基于心理稳定脆弱性的群体意识和发泄冲动之上的心理动员却是行之有效的。集体行动领导者通过苦难叙事、言语刺激和身份唤醒等方法能够有效地把被动跟随者吸纳到集体行动中去。

一　苦难叙事：情感的共鸣

卢晖临和潘毅的调查结果表明，第二代农民工相对于第一代农民工更倾向于公开、集体地表达他们的情感。焦虑、孤独和痛苦是第一代农民工生活挥之不去的主题。如果说第一代农民工还不能公开、集体地表达诸般消极情感的话，第二代农民工则已经在要求改变了。[①]第一代农民工从乡村来到城市，他们的知识、眼界和社会关系网络非常脆弱，即使遭遇不公平待遇，他们也只会选择忍气吞声或明哲保身。但是，第二代农民工不同，在他们进城之前或者出生在城市，他们已经积累了良好的知识、社会关系网络，对于利益损害具有更强的敏感性和问题解决的能力，所以他们也愿意公开、集体地表达自己的情感。

> 我是一名农民工，生活本就特别困难，但我从不向政府讨要，我相信在党的好政策下我依靠自己的勤劳是可以养活家人，是可以供养我的女儿上大学的，也可以赡养 90 岁高龄的瘫痪母亲。但如今我将失去劳动能力，家人生活和孩子上学遇到极大困难，我不是个不讲道理的人！[②]

农民工表达诉求时，试图通过自身情绪表现使其行为部分具有合法性。当基本生存的权利都被剥夺而无处申冤时，农民工会通过悲情以及不乏夸张的个人遭遇的描写或者冤情的陈述引发别人产生共鸣，

---

① 卢晖临、潘毅：《当代中国第二代农民工的身份认同、情感与集体行动》，《社会》2014 年第 4 期。

② 资料来源：H 省信访局阳光信访信息系统。

如"赡养瘫痪母亲、供养女儿上学、失去劳动能力"等富含悲情色彩的话语，力求获得社会的关注与认同，从而给政府施压。

> ……就一直拖欠着，装卸费说给工人，也一直没有给，工人去公司要钱，他们总是以没有钱推脱，年前去劳动局申诉，劳动局也一直没有办下来。希望省长能体察民情，为民做主，讨回血汗钱，还农民工一份安心，还社会一片和谐。①

作为弱势群体的农民工行为屡次受挫时倾向于向更高一级的公共部门"动之以情，晓之以理"，希望上级政府能"通情达理"，这是一种层级化的信任体系。当与其他社会利益群体难以实现平等对话和谈判博弈时，在对"情"这一思维框架动员上，一般会通过对自我的矮化等语言乞求政府。"希望省长能体察民情，为民做主，讨回血汗钱"来借助信访平台向行政机构传输话语，仰仗"清官"为民做主。

天理即天下公认的大道理，是民众心中神圣的价值标准，是天经地义的事。作为社会与自然的终极判断标准，天理往往内化于农民工群体心中最深层次的人生信条。在他们信访过程中很少有人提及天理，除非已经触及他们内心深处最高的行为准则，感受到天理的泯灭。"法制的和谐社会，总得有说理的地方"，即只有当以"情理""公理"为纽带维系的官民之间共享、默认的社会公序良俗被破坏时，往往就会呼唤"天理"。如：

> 又是一年过去了，不知你是否知道我们这些农民工还在讨要工钱的路上。我们也想和你一样坐下歇歇，但我们不能停下脚步，否则我们辛辛苦苦的血汗钱就得打水漂。我们不能再沉默，我们要拿回属于我们的工钱，这事说说容易，真的要拿到可能比登天还难……如果 XX 县信访办、住建局、劳动局、检察院、法

① 资料来源：H 省信访局阳光信访信息系统。

院、政府都无法解决这事，我们该怎么办，请你给我们指条明路。法制的和谐社会，总得有说理的地方。①

二 言语刺激：情感的激发

法国社会学家让·梅松纳夫指出，关于集体行动内聚力的研究主要代表性思想是斯宾塞的整体化思想和涂尔干的团结一致的思想，它构成了社会心理学内聚力理论谱系的核心。让·梅松纳夫认为，社会情感要素和社会操作要素构成了集体行动内聚力的重要内容。社会操作要素依赖于群体内部的权力和资源分配来建构群体的行为策略和行动方式，从而形成由领袖与民众相互依赖而又相互补充的组织系统。但是，社会操作要素形成的内聚力是正式的但又机械的联合，而社会情感要素则是非正式的但又有机的联合。社会情感要素通过群体对成员的强大感、自豪感、安全感的满足，来实现统治与服从的心理依附关系，实现对声誉的认同和情绪的宣泄。②

在讨薪维权路上，充满了艰辛。维权？哪里帮我们维权？劳动监察部门是农民工的娘家人，却不为我们做主，而是互相推诿。最常用一句话就是让你通过法律渠道去维权？打官司，不是一个老百姓能承担和等待的，我只想拿回该得的血汗钱。试问一个部门不为老百姓办事，不是等同虚设吗？③

当现实社会中出现政府漠视为民众提供公共服务，甚至压制公民的利益诉求时，农民工的对立情绪就会在高压下得到积累、强化和扩散，并在寻求着以非制度化、非理性的方式释放的时机。"试问一个部门不为老百姓办事，不是等同虚设吗？"等留言充满着情绪（气），深深打破了对社会的正常认知，心里的无助感和悲愤感交织。"气"

① 资料来源：H省信访局阳光信访信息系统。
② ［法］让·梅松纳夫：《群体动力学》，殷世才、孙兆通译，商务印书馆1997年版，第56页。
③ 资料来源：H省信访局阳光信访信息系统。

是一种情绪表现，是中国人抗拒藐视、追求认可的情感驱动。[①] 同时也是维护利益、赢得尊严的人格价值展现方式。在农民工遭遇不公、陷入纠纷但又缺乏制度化的维权渠道时以"气"抗争较为普遍，随时都可能引发"气"以大规模骚乱方式的彻底释放。愤怒是一个人作出超常规举动的助燃剂，即单纯是一种情绪表达，不具有合法性。

> 我是 XX 市 XX 镇的一个农民工，被拖欠 4000 元工钱至今，申诉无门逼于无奈之下特向您写信。我的钱都是血汗钱，用命换来的。后来我试着去找劳动局投诉，还问"有欠条吗？证据吗？没证据没法帮你"。我一个农民工弱势群体又不懂法我怎么会要求写欠条？我无奈又去信访局求助，他们说要我去找劳动局。总之就是"踢皮球"，无奈给您写信。您是一位市长同时也是一个伟大的父亲，我知道您会百忙之中看看这封无助的信。一个失去父亲的无依无靠的农民工孩子恳请您能秉公处理。[②]

作为城市建设的一分子，却在畸形的社会结构下，自我身份无法得到认同。各部门"踢皮球"式的行为突出了政府部门的"不近情理"。"您是一位市长同时也是一个伟大的父亲"可以看出农民工努力寻求身份认同感，体现了一种"身份的交互性"。接着从道德伦理角度进行阐述，"农民工父亲用命换来的血汗钱"于情于理都不应该被拖欠，而事实却与特定"认知管道"发生冲突，就会"不可理喻"。通过强化一种无助感、无力感，运用弱者身份倾向于以情理来说服人、感动人，借用"侵权—维权"话语引起社会、公共机构的感同身受，对社会、国家形成一种朴素的情感依赖和归属感。[③]

---

① 应星：《"气场"与群体性事件的发生机制——两个个案的比较》，《社会学研究》2009 年第 6 期。

② 资料来源：H 省信访局阳光信访信息系统。

③ 吕程平：《"理"的逻辑：认同、交互与抗争——基于 A 省网民拆迁类留言的分析》，《管理世界》2015 年第 2 期。

我从 2003 年（工资 250 元）至 2015 年（1000 元）在学校食堂工作，2015 年下岗。按法律规定应向员工买养老保险，然而在职期间没有得到任何资助，离职后无任何补偿。找过学校也是不予理睬，通过劳动仲裁和法院都不支持。我十几年的劳动为何得不到相应补偿，法律的渠道也不能帮我找回应有的权利。我不知您能否在百忙之中过问一个小小的百姓诉求，也不敢有更多的奢望，只能默默地期待。①

这种类型的信访中，利益维护是主要目的，但也有"申冤"成分。诉诸法律依靠正常渠道解决问题，是正义与合法性并存的有理上访。但农民工的自力救济由于其明显缺陷往往被抛弃，行政救济、司法救济需要付出高昂的成本和时间精力且效果甚微。这一信访群体目标的合法性、结果的不确定性往往共存。

我父亲去年 5 月不慎从楼上摔下来了，医治无效死亡。事发后，对方不肯赔钱，我们本着相信法律的精神，将父亲下葬后到法院起诉，结果法院 XX 最后判赔才 5 万块。上诉到省 XX 法院，XX 法院维持原判。我们到 XX 市检察院去投诉，说不归他们管；去市公安局举报，公安局不受理；到纪委去举报，纪委说不归他们管，这是涉法涉诉的；请问：这到底归谁管，这有司法公正吗？②

李超海的研究表明，农民工对《劳动法》的认知越多他们越倾向于参加集体行动。新生代农民工因为知识水平的提高，所以他们更倾向于参与集体行动。③ 周某某群体信访事件也表明，新生代农民工对国家和地方政策的阐释是他们对利益认知的重要凭据，也是他们集体

<hr>

① 资料来源：作者 2018 年 7 月 19 日调研资料，资料编号：HG20170812。
② 资料来源：作者 2019 年 8 月 3 日调研资料，资料编号：HG20190803。
③ 李超海：《农民工参加集体行动及集体行动参加次数的影响因素分析——基于对珠江三角洲地区农民工的调查》，《中国农村观察》2009 年第 6 期。

行动合法性的重要凭借。

第三节　关系激励：集体身份的生成

　　农民工虽然从传统农民中脱离出来，并与传统农民有着千丝万缕的关系，但是他们从自己身份确立的时候开始就带有明显的、独立的"群体"特征。这不仅仅是因为他们的职业与农民有根本的不同，更是因为他们的生活方式、流动性、生活场所、语言习惯、社会地位都与农民相去甚远。这些都强化了他们之间"群体"认同感和群体身份。正如李培林所指出的："由于流动民工进城就业后难于真正融于城市社会，无法建立起与城里人交往的生活圈子，因而他们在城市中尽管有的已工作生活多年，但仍然是城市生活的'陌生人'。城市社会对于农民工自身来说，依旧是'外在的'和'他们的'，而不是'我们的'。"[①] 这种群体认同感是群体行动形成的重要条件。[②] 当他们其中成员的利益受损时，或者当农民工群体与其他社会群体形成对立关系时，这种群体认同和"我们"的身份认同就会更加强烈地迸发出来，把利益相关人员或者社会相关人员紧密地联系起来。社会关系网络把"我"转化为"我们"，从个体认同走向群体认同。社会关系网络也是一种心理动员方式，它通过"我们"的建构，形成集体心理的归属感和认同感。

　　农民的社会关系网络是长期共同生活生产空间的代际更替中形成的社会关系结构，它是静止的和固态的。农民工非正式的社会关系网络则是流动的。它是因为农民工的流动而不得不依赖的先天社会关系网络。这些社会关系网络包括其家人、亲戚、同学等。因为异地工作协助的需要，农民工要么在外出打工时结成小团体，要么在企业工作时结识老乡、朋友。这些社会关系网络在地缘上和关系亲密程度都

---

　　① 李培林：《流动民工的社会网络与社会地位》，《社会学研究》1996 年第 4 期。

　　② 笔者在 H 市调查发现，在农民工群体中存在一些潜在的社会组织如"老乡会"。老乡会没有正式的组织机构和组织形式，但这反而使得他们之间的联系非常紧密。

比较类似乡土社区的生活共同体，但是又有所不同。因为在外地，这种关系网络更具有生存价值和群体认同。农民工的社会关系网络既是情感的网络也是互助的网络。这种生活共同体不仅具有较强的凝聚力，而且具有较强的支持力，在农民工遭受困境时能够提供帮助和支持。在公民社会不发达和制度供给不足的城市社会，对农民工来说，社会关系网络就是资源和力量，社会关系网络规模越大，在城市社会里"熟人社会"的朋友越多，资源动员能力也就越强。而且，因为信任关系，"熟人社会"的朋友构成的社会关系网络比农村具有更强的凝聚力，能够整合农民工的心理和利益、调动农民工的社会资源和群体力量采取集体行动。①

一 "我们"的建构：地缘关系的激励

农民工不同于农民，他们的社会流动需要有强大的社会关系网络的支撑。对于农民工来说，从他们离开农村进入城市之时也是他们重构社会关系网络之际。他们离开农村时往往借助于原初的社会关系网络，在进入城市以后他们又会扩展新的社会关系网络。原初的社会关系网络往往以血缘关系、同乡关系为主。这是他们进入城市赖以生存的凭借，也即边燕杰所谓的"强关系"。"社会关系是人情网，人情关系的强弱与获得照顾是正相关的：人情关系越强，得到照顾的可能性就越大；人情越弱或者根本没有人情关系。"② 尤其是在早期的社会流动中，因为城市企业管理不规范，企业招工更多的不是通过公开招聘而是员工推荐来实现的。所以，农民工就业大多是老乡或亲戚的介绍。这也被仁义科等人的研究所证实，"农民工进入城市、适应城市的过程也是一个再社会化的过程。农民工具有文化程度低、流动性较高、来源广泛等特点。在再社会化过程中，主要通过血缘、地缘关

---

① 孔凡义：《从政治边缘人到集体行动者：农民工行为的演变逻辑》，《科学决策》2011 年第 7 期。

② 徐丙奎：《进城农民工的社会网络与人际传播》，《华东理工大学学报》（社会科学版）2007 年第 3 期。

系自组织形成人际关系网络"①。杨政怡等人对农民工的就业质量调查研究发现，相对于信息资源，社会关系网络对于农民工的就业质量更加重要。社会资本通过调动人情资源直接影响新生代农民工的就业质量，而信息资源对新生代农民工就业质量的提升效果不明显。②

　　社会关系网络是一种互助、信任的社会关系结构。农民工在互助和信任的交往中，形成了"我们"的群体认知。农民工就业依赖于亲戚、朋友、同乡的介绍，这形成了"我们"的社会支持结构。"我们"一起吃饭、一起工作、一起玩耍、一起坐火车、一起回家，这种共同的生活方式在农民工内心已经形成了"我们"的情感、身份的强烈认同。农民工的群居模式也有助于进一步强化他们之间的群体关系。下班后除了少数农民工出去逛街以外，大多数农民工会待在出租房内跟熟悉的亲戚、朋友、同乡一起喝酒聊天、打牌。他们的活动区域很小，基本上是个自我封闭的空间。方言和风俗习惯也是强化"我们"的一种重要因素。方言之间的巨大差异一方面在不同地区的农民工之间形成了难以逾越的鸿沟，另一方面在同一地区的农民工之间建立起团结和凝聚的纽带。③

二　"我们"的建构：业缘关系的激励

　　悦中山等人把农民工的社会关系网络分为先赋网络和后致网络，先赋网络以地缘血缘关系为主，后致网络以业缘关系为主。"在移民从迁出地社会迁入到陌生的迁入地社会之初，亲缘关系和地缘关系对其社会融合的作用相当重要，但随着居住和工作时间的推移，嵌入在移民——居民网络中的社会资本将成为移民社会资源的重要来源。"④

---

　　①　仁义科、杜海峰、陈盈晖：《农民工社会网络结构》，社会科学文献出版社 2009 年版，第 35 页。

　　②　杨政怡、杨进：《社会资本与新生代农民工就业质量研究——基于人情资源和信息资源的视角》，《青年研究》2021 年第 2 期。

　　③　孔凡义：《从政治边缘人到集体行动者：农民工行为的演变逻辑》，《科学决策》2011 年第 7 期。

　　④　悦中山、李树茁、靳小怡、费尔德曼：《从"先赋"到"后致"：农民工的社会网络与社会融合》，《社会》2011 年第 6 期。

先赋网络具有更强的信任关系和凝聚力，但是后致网络具有更广阔的涵盖范围和社会资源。在后致网络中，业缘关系又是其中至关重要的社会关系网络。因为它虽然只是一种后致关系网络，但是他们的情感、纽带和利益、互助的共同性不亚于地缘和亲缘关系。

业缘关系也是一种互助关系。因为工作的原因，农民工被限制在相同的空间内生活和工作。在此期间，为了完成共同的工作，他们之间需要互助和支持。业缘关系也是一种情感关系。农民工大多过着群居的生活，同一宿舍、同一公寓、同一车间的共同生活逐步培育共同的认知、情感、价值观，也会培养出共同的交流话题，分享着工作和空间的信息。业缘关系也是一种利益关系。他们从事同一工种、同一时间的工作，而利益分配又是按照工种、工作时间来进行的。所以，他们在利益分配中是一荣俱荣和一损俱损的关系。

三　"我们"的建构："他们"作为参照物的反向激励

社会关系网络对"我们"的构建为"我们"与"他们"明确了边界，尤其是通过对"我们"的情感、地位、利益和关系的内在强化展示出"我们"的特殊性。另外，"他们"的出现，尤其是与"我们"的情感、认知、地位、利益和关系有着巨大差异或者根本冲突的"他们"的出现，进一步强化了"我们"的自我认同。在农民工诸多集体行动中，利益受损者积极动员亲属联合起来对抗利益侵害者或者假想的敌人。利益侵害者或者假想的敌人即"他们"的危机暗示和威胁示范效应会形成"他们"与"我们"的直接对立。作为对立面的"他们"的出现，进一步强化了"我们"的内部团结和集体认同，对农民工的心理联盟产生了反向激励效应。

> 我们必须一起去找政府，否则没有什么用。其实，法院和警察都是一伙的。所以，找谁都没有用。我们只能一起去找他们，要给他们压力才行。①

---

① 资料来源：作者 2020 年 6 月 26 日调研资料，资料编码：HBSHGSHZQ20200626。

"我们"的构建不仅要强调自身群体的身份认同和组织团结，提出一个假想的"他们"也非常重要。通过对"他们"的建构，"我们"就拥有了边界、身份，也就明确了"我们"的存在和意义。更重要的是，通过对"他们"的建构给予"我们"这一群体的外来威胁和压力，可以为"我们"的团结注入强大的动力，强化"我们"的内聚力。

所以，"我们"心理的建构是群体内外环境的重构。一方面，通过群体内部的情感、利益和关系网络来强化"我们"内部的心理联系和群体认同；另一方面，通过群体外部的压力、利益和身份的建构，突出"我们"的意义存在和身份、利益的差异，更加强化了"我们"内部的心理凝聚力。

第六章 新生代农民工自主型集体行动的社会心理机制之三：共意达成机制

奥尔森对集体行动的研究表明，组织的规模越大，集体行动越难以达成，组织的凝聚力与组织的规模成反比。① 这也意味着，从个体行动到集体行动是一条困难的道路。行为变化的背后是心理的变化。从个体行动到集体行动的过程，其深层次的动力是从个体意识的出现到集体意识的达成。它需要通过特定的共意达成机制将分散的个体情绪转化为集体的共意，将无方向的情感聚合为方向性明确的情感。② 在共意达成机制过程中，意见领袖的形成和引导、最大公约数的确定和心理契约塑造是三个比较重要的环节。

第一节 意见领袖的引导：核心意见及其扩散

心理动员和共意达成在现实中相互交叉，但还是有时间的先后区分。心理动员的目的是达成共意，促成集体行动。本章仍然延续使用上一章的案例来分析群体在完成心理动员之后是如何形成共意的。该案例覆盖了群体心理动员和共意达成两个阶段，我们可以观察到农民工群体是如何通过心理动员来达成共意的，也可以观察到群体内外部

① Mancur Olson, *The Logic of Collective Action: Public Goods and the Theory of Groups*, Harvard University Press, Canbridge, Mass., 1971, pp. 61 – 62.

② 黄岭峻、张文雯：《从分散的个体不满到有组织的集体行动：农民工集体行动发生机制研究》，《华中科技大学学报》（社会科学版）2015 年第 6 期。

事态的发展对集体行动的影响。该案例中，农民工群体行为的产生和发展是随着事态变化而演化的。其中，其他省份解决农民工的企业职工养老保险以及工厂欠薪无疑是两个非常重要的催化剂。在事态演化的同时，群体内部的意见领袖周某某无疑扮演着关键角色。他的相对高学历、政策知识储备和坚持的性格为他成为意见领袖提供了客观条件。笔者无论是从政府工作人员那里获取的信息还是在对周某某及其工友进行访谈时，都能够感受到他对政策、信息的高灵敏性以及他富有号召力的激情、熟于人情世故的老练。

2012 年后，受国家环保政策的影响，原机制砖瓦厂经营出现困难，工厂的管理和待遇都发生了变化。工厂职工经常调休并且加班费减少。工厂加大了职工的额定工作量。根据工厂规定，只有工人完成额定工作量之后，超出部分才能视为加班，才能发放加班工资。工厂增加了对工人的处罚。对于工人开小差等行为每项每次处罚 50—100 元不等，取消了职工生日礼物、外出旅游等公共福利。更严重的是，在 2016 年后工厂因为经营不善而倒闭，工厂 200 多名职工的工资无法发放，职工被遣散，有的回家种田，有的自谋生路。机制砖瓦厂的经营问题引起了工人们的不满，欠薪问题则促成了此次集体行动。

集体行动的心理共识不是一蹴而就的，它是一个逐渐扩散的过程。在 X 事件中，大家对结果的不满和不公平感只是在几个人或者小群体或者非常亲密的关系中形成和传播，形成一种最初的核心意见。所以，共意达成机制的逻辑起点是意见领袖的出现，以及由意见领袖所表达的核心意见。

一　意见领袖和领袖意见

2016 年，在机制砖瓦厂倒闭无法支付工人工资之后，工人们的抱怨和不满在群体中弥漫。在共同利益的驱使下，周某某等人听说 G 省某工厂因为欠薪问题引发集体信访，最终基层政府不仅支付了工人工资而且解决了城镇企业职工的养老保险问题。于是，周某某与几个同乡商量，制作了电子传单，内容包括 G 省工厂成功讨薪案例，表达了对工厂老板的不满和愤怒，提出了补发工资和解决养老保险问题的诉求。周某某成为该次集体行动的意见领袖。

> 周某某，男，34 岁，C 街道 J 社区人，高中学历，曾在机制砖瓦厂担任车间主任一职，性格仗义直率，深得工厂职工们的尊重。周某某的哥哥在 G 省政府机关社会保障部门任职，对政府政策和政府的运作机制非常熟悉。在原机制砖瓦厂倒闭以后，周某某自主创业，但是因为经营不善，自己开办的工厂也停产歇业，后来一直在家没有正当职业。①

意见领袖是心理的塑造者、意见的建构者和信息的生产者。信息是先从广播和报刊传向"意见领袖"，然后由他们传给那些不太活跃的普通大众。② 意见领袖需要与群体有所区别，他要有更多的时间、更多的精力、更多的知识、更多的能力专注于群体和事件本身，只有这样他才能保证其意见领袖的地位不会受到影响和威胁，才能不断生产出核心意见和信息，成为意见和信息的生产中心，才能掌控群体舆情的发展方向和进程。

意见领袖的产生是社会情境与个人相互作用的结果。社会情境比如社会环境的变化导致群体尤其是意见领袖的利益受损或者心理刺激，社会机制提供的机会主义使意见领袖有机可乘。反过来，意见领袖的产生需要群体中具有"领袖"或者"权威"人物的出现。"领袖"或者"权威"人物具有不同一般人的经历、性格和能力，他也许受到更多的利益损害或情绪刺激，他有更加坚强的毅力，对政策和信息有更多更细的掌握和更深刻的理解。

意见领袖的意见具有权威性。意见领袖对意见的提出是基于惯例、法律和政策的。它根据意见领袖所掌握的知识和信息对事件本身进行新的阐释，分析利弊计算得失。当然，意见的权威性还表现

---

① 资料来源：H 省信访局阳光信访信息系统。

② Lazarsfeld P.，Berelson B.，Gaudet H.，*The People's Choice：How the Voter Makes Up His in a Presidential Election*，New York：Columbia University Press，1948，pp. 92 – 96.

为意见领袖本身的性格气质。正如马克斯·韦伯所研究的，魅力型领袖本身所具有的超凡能力可以为其带来权力的服从。[①] 意见领袖所具有的不同于一般人的人生经历和对事物的深刻洞察力会增强其意见的权威性和影响力。

意见领袖的意见具有引导性。任何集体行动的发轫阶段，民众的意识都是散乱的。因为每个人的地位、知识水平、经历都不相同，他们与事件本身的利益相关性程度也不尽相同。因此，每位民众对事件的心理反应也不会一样。意见领袖需要通过对事件的分析、政策的导向、先例的举证来框定最大公约数的核心意见。这种核心意见的形成是个讨论的过程和博弈的过程。

意见领袖的意见具有共鸣性。意见领袖的意见要成为集体的意见要求意见本身具有共鸣性，要求其意见能够在民众心中产生共鸣，能够让他们感同身受。意见领袖意见的提出是以"我们"的立场提出，而不是"他者"的立场提出，强化意见领袖与群体成员的共同性和命运共同体意识，通过"我们"与"他们"的对比或者分裂来明确"我们"的共同身份。通过"我"的遭遇和经历来推演出"我们"的可能性结果。

二　意见领袖与核心成员的心理共识

意见领袖的出现只是集体行动的开端，领袖意见只是集体行动的心理动力的起点。集体行动的形成需要意见领袖与核心成员之间形成心理共识，这是集体行动的核心心理力量。意见领袖通过说服性沟通、协商性谋划和共识性宣传来与核心成员进行心理交换，在此过程中形成最大公约数消除杂音，也形成意见领袖与核心成员之间的心理联盟，相互支持相互鼓励，达成集体行动的心理共识。

　　虽然我最早知道别人（G省集体行动事件）都搞成了，但是

---

① ［德］马克斯·韦伯：《经济与社会》，林荣远译，商务印书馆 2006 年版，第237 页。

去找政府不是我一个人的意思。我跟张某某、佘某某、吴某某、雷某某一次偶然的机会一起喝酒吃饭，当谈到这个事情的时候大家都比较恼火。他们问我成功的可能性，我于是通过我哥哥了解了一下政府的政策，然后跟他们说了。他们几个都认为，既然别人都成功了，那么政府也应该解决我们的问题。但是光靠我们几个不行啊。于是我们商议，要把以前的老职工都找到，出力的出力不出力的出钱。大家一拍即可，立即开始行动起来。[①]

第一，说服性沟通：心理塑造过程。领袖意见要成为集体的共识，首先需要在核心成员中得到认同。意见领袖通过说服性沟通把自己的利益计算、心理预期向核心成员展示。他对核心成员晓之于理、动之于情、说之于法，通过情感、说理和释法向核心成员解释、预测集体行动的必要性和可能性，动员核心成员参与其中。说服性沟通也是心理塑造的过程，在意见领袖与核心成员之间建立心理共识，激发他们对集体行动的情感共鸣、公道认同和合法正当性。

第二，协商性谋划：心理交换过程。意见领袖与核心成员之间通过正式的或非正式的会议来协商行动计划，分享行动信息，交换心理预期。在协商性谋划过程中，意见领袖和核心成员之间互相了解对方的意图、目标、心理预期，在讨论过程中形成意见的最大公约数，消除不同意见和心理的杂音与噪音，达成思想统一的心理联盟。

第三，共识性宣传：心理传播过程。在心理共识达成以后，意见领袖与核心成员进行共识性宣传。共识性宣传一方面强化意见领袖与核心成员之间的心理联盟，强化信任、忠诚和同盟关系，有助于他们之间的心理团结和内在凝聚力，同时也有利于他们影响群体其他成员的心理和行为，在群体内部形成"大多数"的意见和立场。

---

① 资料来源：作者 2017 年 12 月 31 日调研资料，资料编码：HGSHZQYZJD20171231。

三　意见领袖和核心成员意见的传播

意见领袖是集体行动的发动机。意见领袖的意见则是集体行动的心理根源。意见领袖和核心成员的意见传播则推动了他们与群体成员的联系和交流，它是集体行动舆论形成的必要中介过程。

> 现在很方便，我们建立了微信群，大家有什么信息就互动有无。我们几个家都很近，时不时地我们也会在一起喝喝酒唠唠嗑，讨论一下事情的进展。佘某某、吴某某、雷某某既是老乡又是工友，他们以前还住上下铺，那不是一般的关系，他把以前他们同车间和同宿舍的工友都找到了，一下子我们就有 200 多人了，我们力量还是很强大的。①

意见领袖和核心成员有意识地通过微信、电话等说服性沟通、利益计算来影响其他民众对事件的看法和判断，从而形成群体整体性认同，然后吸引在集体行动发生过程中其他立场不坚定者、默认者、搭便车的人加入到集体行动中来，提升集体意识的认同度和立场的统一性。意见领袖和核心成员意见的传播通过三种方式进行。

第一种：微信群的讨论和心理强化。现代科学技术的发展大大地改变了信息传播的方式，也改变了心理交流的方式。其中，微信取代微博深刻地塑造着我们的行为方式。如果说微博有助于信息的对外传播的话，那么微信有助于强化熟人之间的心理纽带。在微信群中，因为大家都是关系紧密的朋友关系，一个人提出的观点和意见很容易引起其他人的共鸣和附和，是一种心理强化方式。在微信群里面，人们拥有着共同的经历和价值观，分享着类似的信息，集体意识和群体心理不断被强化。

第二种：非正式的交流和情感刺激。相对于微信群的交流，诸如请客吃饭的面对面的非正式交流更具有情感刺激的色彩。在请客吃饭

---

① 资料来源：作者 2017 年 12 月 31 日调研资料，资料编码：HGSHZQYZJD20171231。

过程中，尤其是在酒精的刺激下，人们内在的情绪更容易迸发出来。①饮酒能发挥维持人情、表达诚意、流露真情、达成交换四种作用。②通过请客吃饭喝酒，群体的关系强度得到维持和提高，情感得到巩固和激发，进一步强化群体的情感认同和关系链接。

第三种：宿舍和工作空间的交流和情绪激发。宿舍和工作空间是人们信息和情感交流最频繁的地方。信息和情感的交流也会强化认同和情绪激发。有研究表明，宿舍是农民工集体行动重要的动员载体。在共同的生活空间里，由日常生活所建构的共同利益、互助联盟和群体认同使得群体成员的遭遇更能够得到其他成员的感同身受。

第二节　群众的心态和集体心理的形成

在集体行动的政治心理机制中，意见领袖和核心成员的心理和行为固然重要，但是群体成员的心理心态也不可忽视。集体行动的形成是群体精英和积极分子的心理和行为与普通民众的心理和行为交互作用的结果。其中，普通民众的心理和心态虽然各不相同，但是他们普遍存在的一些心态对于集体行动的形成具有积极作用。这些心态一旦进入群体之中就容易被群体放大、裹挟和纵容，他的所有个性都会被这个群体所淹没，他的思想立刻就会被群体的思想所取代。而当一个群体存在时就有着情绪化、无异议、低智商等特征。③意见领袖和核心成员进行着心理生产、激发和引导，群体成员在群体中获得心理的释放、满足，共同促成了集体行动的心理基础。

一　群体心理的几种代表性形态

集体行动的共意达成机制是意见领袖与群体成员心理互动的结

---

① 强舸：《制度环境与治理需要如何塑造中国官场的酒文化——基于县域官员饮酒行为的实证研究》，《社会学研究》2019 年第 4 期。

② 黎相宜：《关系消费的表演与凝固：当代中国转型期饮酒社交消费研究》，《开放时代》2009 年第 1 期。

③ ［法］古斯塔夫·勒庞：《乌合之众：大众心理研究》，冯克利译，中央编译出版社2017 年版，第 108 页。

果。意见领袖的意见不断地建构和强化群体的自我认同和身份利益共识，同时群体成员的大众心理也与之相呼应，二者之间相互强化和建构，从而形成了集体行动的群体心理共识。所以，研究集体行动的心理共识达成不仅要考虑意见领袖的心理路程，也要分析群体成员的心理形态，以及这些形态为何是如何呼应意见领袖的。具体而言，群体心理的代表性形态主要有以下几种类型。

> 我们还是很有可能要到钱的。因为现在习总书记对我们打工人和老百姓还是非常关心的，现在的国家政策也很好。现在的政策都是被基层的一些官员搞坏了，只要我们抓住精准扶贫的机会，我肯定可以把钱要到。即使要不到钱，他们能够给我们解决城镇企业职工养老保险问题也可以啊，这样我养老就不用愁了。你知道吗？城镇养老保险很高啊，如果我们解决了这个问题，我们所有的付出都是值得的。再说了，我们虽然都出了点钱，只要解决了这点钱还是划得来的。①

第一种是机会主义心理。机会主义心理的产生与群体规模、不完全契约有关。在集体行动过程中，民众认为群体规模比较大，那么自己的参与就不容易被发现（因为规模越大对越轨行为的发现和惩治成本就越高），更不会有利益损害。而且，集体行动中群体成员与雇主、基层政府之间不是直接的对立关系，雇主和基层政府对群体成员之间是不完全契约关系，群体成员一般认为自己不会受到这一契约的约束。

第二种是法不责众心理。法不责众是传统法律思想的一种倾向，它带有很强的政治色彩。法不责众心理认为，当某项行为具有一定的群体性或普遍性时，那么它就具有了政治的正当性和合法性。即使该行为含有某种不合法或不合理因素，法律对其也难于或者不应该给予惩戒。因为一旦行为具有群体性或普遍性时，该行为就具有了合法性

---

① 资料来源：作者 2018 年 1 月 1 日调研资料，资料编码：HGSHZQYZJD20180101。

或正当性，那么法律没有理由去惩治或惩治具有很大的难度。秉承这种思维方式，集体行动的参与者会认为，有如此之多的人参与其中，我一个人混迹其中，做着和其他几百上千人相同的事，往往相信自己的行为不会受到追究。群体行动中个体的去身份化现象是这种法不责众心理产生的最为主要的根源。①

第三种是逆反心理。逆反心理的产生有两种情况：一种情况是所谓的塔西佗陷阱的后果。当雇主或基层政府失去权威或者信任时，无论他们怎么说怎么做人们都不再服从而采取与雇主或者基层政府对立的立场。另外一种情况是，人们为了维护自己的观点、尊严或者权威，而采取与对方相反的行为和心理。这两种情况在集体行动中都存在。因为群体成员对雇主或者基层政府的不信任，再加之意见领袖和核心成员的教唆鼓动而总是与雇主或者基层政府采取针锋相对的立场。

　　周某某是个菩萨心肠的人，我当时打工就是他给我介绍的。但是加班排班周某某对我也很照顾。有一次在厂里，那个工厂的二流子，是个本地人，老是搞我，也是周某某帮我出头。人家这次带头帮我们讨薪解决待遇，说句实话，也付出了不少。所以，这次他找到我这里来，我肯定支持他啊。人家去找政府也不是为自己，要知道如果政策争取下来，我们所有人的养老问题都解决啦。②

第四种是仗义相助心理。"义"是中国传统文化的主要内容。孔子提出，"君子喻于义，小人喻于利"，孟子强调"舍生取义"。由"仁"即恻隐之心引申出来的"义"即善恶之心，是中华民族共同遵守的道德行为的最高准则。"恻隐之心，仁之端也；羞恶之心，义之

---

① 于建嵘：《把握突发事件中的社会群体心理》，《思想政治工作研究》2010年第9期。
② 资料来源：作者2017年12月31日调研资料，资料编码：HGSHZQYZJD20171231。

端也；辞让之心，礼之端也；是非之心，智之端也。"所谓仁义之心，即是对弱者的同情之心和对善恶的扬弃之心，它深刻地内化为中华民族的文化心理，成为指导我们行为方式的价值指南。在集体行动中，尤其是在农民工集体行动中，农民工对弱势群体具有更强的恻隐同情之心，对善恶具有更强的疾恶如仇之心。所以，同事或朋友的遭遇比较容易激起他们的英雄情结和仗义相助心理，从而奋起投入集体行动之中。

> 我没有什么文化，虽然上了初中，但是当时也不好好学，这也是我该有的命。这个事情是天经地义的，杀人偿命欠债还钱，大家都是这么说的，我觉得很在理。虽然我们现在都散了，但是我们的情义还在。他们说的有道理，虽然政策很难解决，但是万一解决了呢?①

第五种是盲从心理。盲从心理是一种从众心理，群体成员在群体或其他成员的影响或施压下，会主动地放弃自己的意见或者违背自己的意见去迎合其他成员或群体的观点和看法，从而使自己的观点、看法和行为与群体和其他成员保持一致。从众心理和行为在群体行为中普遍存在，一般成员很容易跟从群体的行为倾向。盲从心理进一步极化了群体中的群体行为。当群体成员进入群体语境时，他们容易失去理性而受到群体情绪的感染而听从意见领袖和核心成员的引导，从而形成集体行动的群体极化心理。

二　意见领袖和核心成员对群体心理的影响

草根领袖通过行为示范来强化群体成员对他们的信任，通过劝说性沟通统一群体对讨薪事件的共同认知，将分散的意见统一思想，并影响他们的心理。"如果个人对正在发生的事件私下采取不同的解释，那么斗争的力量就会显得不足。潜在的挑战者必须公开分享一种不公

---

① 资料来源：作者 2017 年 12 月 31 日调研资料，资料编码：HGSHZQYZJD20171231。

正的框架，从而使得其被集体利用。"① 在该事件的初始阶段，周某某提出集体讨薪的动议，虽然得到一些核心成员的支持和响应，但是这些支持和响应是原子化的、分散的、各自隔离的，整体性、聚合性和统一性都比较低。

周某某和佘某某、吴某某、雷某某等人主要采用了打电话、宣传政策、请客吃饭等形式，根据以前生活和工作交往比较深和比较熟悉的人来动员。他们还商定了一些更具有冲击力和动员力的口号，比如"坚持到底，还我血汗钱"等发到共同的微信群里。在此过程中，周某某经常发一些相关政策和讨薪案例，使得微信群的工友有了共同的认知和统一的目标、方向。同时，他们对厂方和老板进行污名化的处理，渲染厂方和老板的不合理规定，分析厂方和老板与中央政策的冲突性。

在周某某和佘某某、吴某某、雷某某等人的劝说和动员下，此次集体行动形成了草根领袖周某某、核心成员佘某某、吴某某、雷某某等人以及普通群体成员共计 200 余人集体行动群体。虽然群体成员各自有着不同的想法，但是他们对厂方和老板的极大不满、对现有生活困境的厌烦、对讨薪成功的坚强信心以及对解决城镇企业职工养老保险问题的强烈渴望等等，让他们产生了最大公约数的集体心理，通过集体讨薪和信访来解决和弥补厂方倒闭带来的伤害。

初步的成功更加强化了周某某和佘某某、吴某某、雷某某等人的权威和群体成员对于集体行动的坚强信心。"亲眼看到原先不可能的行动形式的发生，或者感觉到了其他人正在严肃地考虑和采纳这类行动的可能性，本身就创造了一个新的行动愿望。"② 在他们的不懈努力下，基层政府对厂方倒闭欠下的工资进行了补偿。解决城镇企业职工养老保险的诉求因为双方对国家政策的理解不同而被搁浅。但是，周某某和佘某某、吴某某、雷某某等人在原厂职工心目中的威信大大

① ［美］西德尼·塔罗：《运动中的力量——社会运动与斗争政治》，吴庆宏译，译林出版社 2005 年版，第 89 页。
② ［美］莫里斯：《社会运动理论的前沿领域》，刘能译，北京大学出版社 2002 年版，第 126 页。

提高了，群体成员也尝到了集体行动的甜头，这更加促动着他们采取集体行动来解决城镇企业职工养老保险问题。随着事件的初步成功，一些潜在的参与者开始主动要求参与集体行动，一部分观望的人和态度模棱两可的人也开始咨询事件的进展。这部分人认识到行动的可能性，从而进一步强化了集体心理和行动意识。

第三节　胡萝卜加大棒：心理契约的维持和强化

集体心理形成之后在群体内部形成了心理契约。心理契约是统一行动的群体和成员之间的一系列无形、内隐、不能书面化的期望，是在组织中各层级间、各成员间任何时候都广泛存在的没有正式书面规定的心理期望。心理契约一旦形成，群体与成员之间会形成一定的心理期望关系，这种心理期望关系约束着群体和成员之间的关系，也约束着他们的行为。[①] 心理契约是群体结构化的心理基础，是集体行动的心理前提。集体行动的心理契约虽然重要，但又是脆弱的，需要群体通过各种手段来维持心理契约关系，对群体成员进行选择性激励，奖励那些参加集体行动的积极分子，对那些脱离集体行动的成员进行强制或者惩罚。群体对心理契约的维持和强化是通过软硬兼施即胡萝卜加大棒来实现的，具体而言主要有以下三种方式。

一　情感施压

集体行动心理契约的情感逻辑主要是通过两种方式来实现。一种是通过集体的情感交流来增强集体之间的社会团结和情感联络。集体行动的情感需要持续的互动才能维系下去。如通过各种仪式、文体活动、面对面的交流活动等。[②] 来自同一地域的群体有着相同或相近的语言、文化水平、生活方式、价值观念以及社会地位。因此，他们之

---

① 邹循豪、陈艳、祝娅：《心理契约理论研究现状与展望》，《长沙大学学报》2014年第6期。

② 郭景萍：《集体行动的情感逻辑》，《河北学刊》2006年第2期。

间的交流不存在任何障碍。这些共同特征也为他们形成较强内聚力的非正式社会网络提供了可能。而且，地域关系群体存在较强的血缘关系和文化心理纽带，互相之间很容易产生同情心，从而维护着群体成员遵守心理契约。① 另一种是通过集体对逃避者情感施压的惩罚来迫使他们从属于集体行动。情感施压通过愤怒、威吓、歧视或者不满的情绪表达来让群体成员清楚自己行为的情感得失，重新回归集体行动。比如，我们在访谈其中一位集体行动退出者时发现了情感施压的运用。

> 我在机制砖瓦厂工作了 10 年，认识了佘某某。不错，佘某某当时是对我很好。我刚到工厂时，因为人生地不熟的，用模具做砖瓦时总是技术不过关，是佘某某帮我提高技术的。我内心是感激他的。但是，为了这个事（讨薪和养老金），他三番五次地来找我，要我也参与。我明确拒绝了，他还是不死心。最后他还威胁我说，如果不参加那就是忘恩负义，说我是胆小鬼、自私自利、不念旧情。后来，他到各个工友面前都这么说。搞得我心里很不爽。②

情感策略是一种软策略，它通过群体与成员的共情从而产生对集体行动的心理共鸣，但是它对心理契约的维持作用有限。佘某某的情感策略虽然没有奏效，但是他在集体行动中消除了舆论杂音。他的情感策略还是对逃避者形成了心理压力。在我们访谈过程中，我们也发现了一些成功的情感施压管理。所以，其成功与否既决定于群体与成员之间情感的深度，也决定于集体与成员之间利益的相关程度，更决定于群体成员对于集体行动的认同程度和利益冲动程度。

二　关系压制

非正式社会关系网络与正式的社会关系网络有着很大的不同。首

---

① 孔凡义：《中国失业农民工政治参与及其治理研究》，湖北人民出版社 2015 年版，第 27 页。

② 资料来源：作者 2017 年 12 月 30 日调研资料，资料编码：HGSHZQYZJD20171231。

先，非正式社会关系网络没有明确的边界。因为没有制度的规定，没有组织的明确限制，因此非正式社会关系网络是完全开放的。它可以通过纽带链无限向外扩展。同样的，处于非正式社会关系网络之外的人群也很容易进入社会关系网络的内部。因此，非正式社会关系网络实际上是一个没有边界的同心圆，可以向外无限扩展。其次，非正式社会关系网络更多的是通过心理纽带联系在一起的。心理纽带是具有强烈感情色彩的，主要依赖于群体成员的心理认同。因此，非正式社会关系网络很容易通过情感表达的方式进行扩展。网络外的成员在受到感情渲染的情况下，也很容易进入社会关系网络。[①]

非正式社会关系网络是中国人的文化心理结构，毋庸置疑它规范着中国人的日常生活和行为。农民工的集体行动是依赖于非正式社会关系网络而形成的。之所以能够如此就是因为非正式社会关系网络对于他们的制约效能。在我们调研的集体行动中，群体领袖和核心成员更是依赖于非正式社会关系网络来维持集体行动者对于集体行动的心理契约。一旦有人想毁约退出，群体领袖和核心成员就会通过关系施压来让群体成员遵守心理契约。其中，关系施压有两种方式：一种是通过群体非正式关系网络以断交来威胁；另一种是通过威胁惩罚逃避者的群体外社会关系网络来施压。

根据我们的实地调查，周某某和核心成员为了防止群体参与者退出，多次在微信群里发出信号，如果有人退出那就是对朋友的背弃，以后永不相见。而且，他们还曾经去找意欲退出者的兄弟，让他去做思想工作。如果参与者一旦退出，将曾经承诺给他兄弟介绍到 G 省工作的事情作废。他们试图通过对施压参与者的亲朋好友来施加压力，通过参与者的连带关系来影响参与者对心理契约的遵守。

三　利益导向

当然，草根领袖和核心成员对集体行动心理契约的维持和强化，除了运用情感和社会关系网络的施压之外，更重要的是激发人们对利

---

① 孔凡义：《中国失业农民工政治参与及其治理研究》，湖北人民出版社 2015 年版，第 29 页。

益的冲动和期望。在利益导向上，草根领袖和核心成员强调他们是共同的利益损害者，集体行动是为了集体的利益而不是少数几个人的利益或者小团体的利益。集体行动者是具有公益心的、有情义的人，不行动者是自私自利的、无情无义的人。

在集体行动过程中，草根领袖和核心成员强调集体行动的成功可以为参与者带来莫大的利益，讨要的工资首先会发给集体行动的参与者。对于那些沉默者他们不会为他们谋取福利，而且即使厂方或基层政府给予赔偿，那么他们也会先把他们的行动成本扣除然后再分配下去。他们提出办理城镇企业职工养老保险的诉求只是针对参与者而言，不包括那些沉默者。为了确保参与者遵守心理契约，草根领袖和核心成员要求所有参与者都要预交一部分保证金，来保证集体行动的前期花费，并且拒不退还。显然，草根领袖和核心成员对利益的强调和规范一方面对积极参与者进行奖励，另一方面对沉默者进行惩罚，通过选择性激励来促使群体成员遵守心理契约。利益导向对心理契约的维护和强化相对于情感和社会关系网络更加有效。

第七章 新生代农民工集体行动的 社会心理调适

新生代农民工集体行动的形成具有深刻的社会心理机制。他们通过情理法的表达把利益诉求和行为合法化，他们通过利益捆绑、移情投射和关系激励把利益相关者动员起来，加之意见领袖的引导、群体与领袖的心理互动和心理契约的维持强化，新生代农民工集体行动得以形成。如果不能对其进行有效的调适和引导，他们的集体行动势必对基层政府和社会产生重要影响。为此，我们对新生代农民工社会心理的调适可以个人干预、社会干预和政府干预三个方面来进行。个人干预是通过律师和心理咨询师来对他们施加影响，引导他们依法维护自己的权益。社会干预是鼓励通过社会政策促进新生代农民工与本地人的社会融合，在一定程度上消除因为社会排斥引发的集体行动。政府干预是对基层治理结构进行改革，通过治理吸纳来重塑新生代农民工的社会公平感和政治信任感。

第一节 律师干预：法治思维的建构*

每逢春节，农民工集体讨薪问题都会成为各级政府关注的焦点。新生代农民工因为亦农亦工的身份和流动性，他们的社会心理文化结构仍然处于现代化转型之中。根据前文的研究他们仍然属于理情法结

---

* 本节内容作为独立论文发表于《湖北社会科学》2020 年第 10 期，本书收录时有删改。

构。在这一结构中，情理法的综合运用对于信访治理和社会风险化解有着重要意义，"说理"和"说情"在很多情况下比"说法"更有效。但是，需要注意的是，情理法的综合运用需要权威者和诉求者的匹配，要避免"你跟他讲法律，他跟你讲人情，他跟你讲道理"，双方需要在同一的合法性轨道上阐释。相对于法律而言，情和理毕竟是主观的合法性依据，没有统一的标准。所以，情理法综合运用、以法为主应该是规制新生代农民工集体行动的准则，通过心理干预来引导新生代农民工通过法治的方式来采取行动是新生代农民工集体行动社会心理调适需要采取的策略和手段。

一　农民工集体行动的心理样态及其动因

农民工集体行动采取的行为心理策略是基层政府和民众之间相互建构和强化的结果。比如他们以访压法的心理与政法不分的历史传统有关，以上压下的心理与司法地方化以及民众的等级政府信任有关、上访谋利心理与按劳分配机制有关、信力不信法与政治信任缺失有关。

第一，以访压法的心理和政法不分的历史传统。[1] 新中国成立后，我国形成了政法不分的历史传统。司法只是国家机器中的一个组成部分，法律运作的逻辑所服膺的是党政权力运作的逻辑。[2] 而司法机关独立性的弱化，会使得司法权沦为行政权的附庸，造成群众对司法机关和地方政府的信任缺失。[3] 从机构设置角度来说，当前司法体制设置与行政设置结构一致，使得行政机关与同级司法机关管辖范围大体相同；从财政角度来说，地方各级人民法院的财政经费来源于地方财政拨款。

第二，以上压下的心理和司法地方化。何阳认为司法人事权、财

---

①　陈柏峰：《缠讼、信访与新中国法律传统——法律转型时期的缠讼问题》，《中外法学》2004 年第 2 期。

②　应星：《大河移民上访的故事》，生活·读书·新知三联书店 2001 年版，第 22 页。

③　黄春：《当前我国司法行为行政化的危害、成因与解决途径》，《甘肃行政学院学报》2006 年第 2 期。

权和监督权的地方化是司法地方化的重要原因。[①] 在此背景下，司法机关在人事权、财权等方面受制于行政机关，行政权和司法权关系紧密、相互影响。在相关诉讼案件中，司法机关有时会选择维护地方政府利益[②]，而具有行政色彩的信访机构有时出于地方整体发展的考虑又会反过来维护司法机关的审判结果，法院职能行政化倾向加强。信访与司法交叉，司法权威受到影响，使得信访案件的处理难以得到信访者的认可。长此以往，民众会形成"信访机构与其他权力机构一体化"的认知，地方政府的公信力受到影响，民众对信访制度的信任也会缺失。司法地方化的出现消减了司法权威与公信力，当涉及涉法涉诉案件的时候，司法地方化的长期运作容易使得群众产生信访所属的行政机关与案件受理审批的司法机关实际为"一方"的认知。在地方政府中，由于行政系统在地方治理中居于相对中心的地位，行政权体现出强烈的地方性，在实际中存在行政权干预司法权，影响司法机关的情况。[③]

第三，上访谋利的心理和"按闹分配"。在农村税费改革之后，农村出现了积极主动争取额外利益的上访行为。[④] 相当比例的集体信访人不再是因为合法利益受损去上访，而是为了获取更大利益而去上访。信访人与信访人之间存在攀比心理，只要一个人获利，其他人就会产生"他闹到了，我也要去闹"的心理，要求政府给予更多利益，形成了"按闹分配"的局面。比如陈某，因为政府规划修建村级公路，刚好经过其邻居门前，而没有经过自家门前，便到各级政府上访，反映政府处理不公。[⑤]

---

① 何阳：《司法地方化的治理路径研究及创新——以文献分析为视角》，《西南交通大学学报》（社会科学版）2015 年第 2 期。

② 刘作翔：《中国司法地方保护主义之批判——兼论"司法权国家化"的司法改革思路》，《法学研究》2003 年第 1 期。

③ 韩康、宋国震：《论司法区与行政区的适度分离——基于司法权中央事权的属性》，《理论界》2017 年第 1 期。

④ 田先红：《从维权到谋利：农民上访行为逻辑变迁的一个解释框架》，《开放时代》2010 年第 6 期。

⑤ 晁星：《解决维权问题不能"按闹分配"》，《北京日报》2019 年 4 月 26 日。

第四，信力不信法的心理和政治信任的缺失。司法行政化、司法地方化和信访不信法共同推动了农民工集体行动。地方权力机构运作表现出行政权与司法权过于一体化的现象，迫使民众越过地方政权寻求高级政权的支持。信访制度的初衷是党密切联系群众与反官僚主义的措施，在实际运行中构成了民众对权力机构监督的另一种形式。信访制度反官僚主义的传统为民众的"上访"提供了合法性。为了解决农民工上访的难题，让农民回归到法治轨道，政府把律师引入矛盾解决过程。"律师干预农民工行为心理"是农民工上访的应对之策。它试图把律师嵌入纠纷解决过程之中，对纠纷解决进行流程再造，引导农民回归到司法轨道上来，重塑农民对基层司法体制的信任。

二　律师干预农民工行为心理的主要方式

律师干预农民工行为心理，把法治嵌入政府和访民之中，发挥着法治教化的作用。律师为基层政府提供法律咨询，为基础政府处理信访问题出具法律意见书，改变了基层政府化解农民工信访矛盾的行为方式，有助于基层政府按照法律的方式处理农民工信访矛盾。律师为访民提供法律咨询和建议，甚至为弱势群体信访提供法律代理服务，也深刻影响着访民的行为心理。通过双向嵌入，律师把基层政府行为和访民行为都引导到法治轨道上来。

第一，法治宣传：法治教化根治法治理念。律师干预农民工行为心理脱胎于早期的法治宣讲活动，宣传仍然是律师参与农民工信访矛盾化解的一个基本工作内容。宣传的过程既是一个信息传递的过程，也是一个合法性渗透过程，更是一个政治教化的过程。国家通过律师对民众进行法律教育和改造，使之认清国家制度、法律和政策，放弃个人的利益和意志，服从国家所代表的全民整体利益和根本利益。[①]法律和政策宣讲把中央或地方政府的法律法规直接输送给基层农民，让他们获得上层政治信息，可以避免因为等级官僚制阻断导致的信息

---

① 冯仕政：《中国国家运动的形成与变异：基于政体的整体性解释》，《开放时代》2011 年第 1 期。

失真从而引发的社会冲突。法治宣传也有利于拉近党员干部与人民群众的距离，建立党群之间的亲密鱼水关系。

第二，代理诉讼：行为示范引导法治认知。为符合法律援助条件的低保户、残疾人、农民工、优抚对象等弱势群体提供法律援助。律师代理诉讼是有条件的，只是针对弱势群体。其诉讼代理费由政府通过购买第三方服务提供，无需当事人支付。所以，律师代理诉讼其实是地方政府提供的救助性服务。它试图通过降低诉讼成本的方式引导农民走法律途径来化解社会矛盾。

第三，咨询服务：基层治理嵌入法治基因。包括为政府提供咨询和为农民工提供咨询。政府咨询包括政府决策的法律咨询、疑难案件的处理建议、协助起草政府协议、协助法检，参与民主法治村（居）建设和依法治村（居）相关工作。为农民工提供咨询，包括一般性的法律咨询和上访案件的法律咨询。律师在咨询过程中对农民工进行必要的干预，引导他们走法律途径，针对不同的信访人进行分类疏导。信访人诉求合理的，出具法律意见书，建议责任单位依法处理；应通过诉讼、仲裁、行政复议等法定途径解决的，引导按照法定途径和程序办理；信访人情绪激烈的，有违法信访倾向的，及时协助相关单位做好稳控工作。律师干预农民工行为心理把法治嵌入基层治理，它不仅是对民众的法治嵌入，也是对政府决策的法治嵌入。

第四，纠纷调解：再塑法治信任。参与村（居）社会矛盾纠纷排查化解工作。双方当事人同意的，律师可以第三方身份提出化解建议和意见，促成双方达成调解协议。对原处理结论正确的，劝导信访人服从处理意见，息诉罢访；对原处理结论可能存在错误或者瑕疵的，以律师所在律师事务所名义提出《法律意见书》。对有违法信访倾向的，及时报告相关部门做好稳控工作。律师参与基层纠纷调解改变了原有的基层纠纷解决流程。原有的纠纷解决流程只是政府与民众之间的互动，当前的纠纷解决流程，无论是在政府一方还是在民众一方，律师都可以深度参与，把政府决策和民众行动引入法律轨道。

三　律师干预农民工行为心理存在的问题

在政府与律师的关系上，律师干预农民工行为心理把原来的政府与农民工的双边关系改造成政府、律师与农民工的多边关系。律师作为一种外部力量嵌入政府与农民工的关系之中，在一定程度上成为政府与农民工之间冲突的缓冲带，也有助于引导农民工走法律途径来解决社会矛盾。但是，律师干预农民工行为心理也面临着维稳与法治的冲突。在律师与民众的关系上，律师所代表的法治秩序也面临着乡土社会礼治秩序的挑战。在政府与民众的关系上，因为律师与政府之间存在委托代理关系，他们并没有完全改变之前基层政府与民众的不信任关系，信任缺失再生产不可避免。在律师干预农民工行为心理中，律师成为了"多面手"，游走于政府与民众之间。他们以法治"救世主"的面目出现，既是政府的法律助手也是民众诉讼代理人，更是政府与民众冲突的调解中间人。

（一）法治思维再造与维稳的法治

律师干预农民工行为心理改变了原有的基层纠纷解决方式。之前，基层纠纷解决方式是政府与访民之间的多回合博弈。在律师干预农民工行为心理之后，原有的政府、访民双边关系变成了政府、律师和访民三边关系。三边关系在一定程度上缓解了政府与访民之间的直接冲突，为双方的妥协让步提供了空间，也为政府和农民工法治思维的再造提供了机会。

但是，稳定是压倒一切的。维护社会稳定仍然是律师干预农民工行为心理的首要目标。虽然，律师干预农民工行为心理试图引导农民工走法治途径，但是信访通报制度又诱导农民工铤而走险，试图通过上访来对地方政府施压，这在一定程度上消解律师干预农民工行为心理的法治效用。对于律师而言，律师的工作也要考虑维稳。律师干预农民工行为心理中，律师不是简单的依法办理，他们也必须服膺于维稳的底线。

（二）礼治与法治：当法律遭遇"地方性知识"

周飞舟对税改后国家与社会关系的变化研究后发现，基层政府由过去的"要钱""要粮"变为向上"跑钱"。基层政权由以前的"汲取型政权"变成了"悬浮型政权",乡镇政府越来越与乡村社会脱离。①
孙立平等研究发现,中国农村存在着一种独特的权力运作方式,即正
式行政权力的非正式运作。"在正式行政权力的行使过程中,基层政
府官员对正式权力之外的本土性资源巧妙地利用,即将社会中的非正
式因素大量地运用于正式权力的行使过程之中,从而使国家的意志能
够在农村中得到贯彻执行。"② 黄宗智研究发现,在中国地方政府运
行中广泛地采用了半正式的行政方法,在发生控诉或纠纷时依赖由社
区自身提名的准官员来进行治理,把它变成为集权的简约治理。③

　　我们很难说"律师干预农民工行为心理"是传统中国纠纷解决为
主的半正式行政的延续,它也不同于孙立平所言的正式行政权力的非
正式运作,但是它与前二者之间有异曲同工之妙。"律师干预农民工
行为心理"是官僚制、压力型体制与乡土社会三者链接的节点。在这
个节点,律师来自压力型体制的维稳压力、官僚制的"法治"理性
和乡土社会的"地方性知识"的相互挤压。一方面,他要遵从法治
的基本规则,按照法律法规来调解社会矛盾;另一方面,他又要兼顾
地方习俗和惯例,否则其工作效果会大打折扣。所以在一些情况下,
"律师干预农民工行为心理"也不得不向礼治妥协。

　　政府把律师嵌入基层纠纷解决之中,希望律师成为"铁道扳道
工",通过第三方干预的方式试图把民众从信访的轨道引入司法的轨
道。这项改革是在律师不得不考量的两个具体场景中展开的:一是不
得不完成政府的维稳任务;二是律师面对的是乡土社会。律师在参与
纠纷解决的过程中,有时不得不向维稳妥协,有时又不得不向礼治妥
协。在双重压力下,基层法治在一定程度上被消解了,纠纷解决法治
化"变轨"面临着新的挑战。

---

　　① 周飞舟:《从汲取型政权到"悬浮型"政权:税费改革对国家与农民关系之影响》,
《社会学研究》2006 年第 3 期。
　　② 孙立平、郭于华:《软硬兼施:正式权力非正式运作的过程分析——华北 B 镇收粮
的个案研究》,《清华社会学评论》(特刊),鹭江人民出版社 2002 年版,第 25 页。
　　③ 黄宗智:《集权的简约治理:中国以准官员和纠纷解决为主的半正式基层行政》,
《开放时代》2008 年第 2 期。

（三）委托代理关系与信任缺失再生产

近年来，学者对政府与社会组织间由正式合同构建起来的政社关系有不同角度的研究。乔纳森·安格和陈佩华等学者注意到一些社会性的组织与团体与地方政府产生了良好的互动和合作，近年来中国国家—社会关系出现了合作化趋势。杨国斌以对环保组织的研究为例，从社会组织本身发展出发，强调社会组织在公共事务中的策略作用。[①]当前政社关系中多表现为代理关系、管家关系和合谋关系，学者多聚焦于实践中政府对社会组织运行的影响，不同学者通过构建"内卷化"[②]"行政吸纳社会"[③]"嵌入式监管"[④]等模式对社会组织在合作过程中缺乏自主性的问题进行了分析。

在律师干预农民工行为心理中，政府向律师团体购买公共服务，律师团体因购买服务与政府形成合作关系，依据政府购买的协定共同承担责任。政府对参与信访工作的律师提供政策支持、资金薪酬并充当监管的角色。在律师干预农民工行为心理中，实质上律师与政府构成委托—代理关系，委托人是政府，代理人是律师团体。律师团体作为第三方引入信访工作，其初衷是在社会层面的律师法律职能，形成有别于政府与信访群众的中立"第三方"。但律师干预农民工行为心理中，律师是由政府以购买服务的形式聘请而来，其人事选择、薪酬收入均与政府部门直接相关。虽然律师团体以第三方的身份开展业务工作，但律师团体的权力来源于政府部门，政府对律师团体有决策权和领导权。基于政社合作关系中普遍存在的自主性缺乏现象，律师团体能否在信访工作中保持第三方独立性，而不偏私信访部门则有待考证。在信访者看来，律师团体与基层政府存在利益联结，即使他们保

---

① Guobin Yang, "Environmental NGOs and Institutional Dynamics in China", *The China Quarterly*, 2005, (181), pp. 16 – 66.

② 李春霞、巩在暖等：《体制嵌入、组织回应与公共服务的内卷化——对北京市政府购买社会组织服务的经验研究》，《贵州社会科学》2012 年第 12 期。

③ 康晓光、韩恒：《行政吸纳社会——当前中国大陆国家与社会关系再研究》，《中国社会科学》2007 年第 2 期。

④ 刘鹏、孙燕茹：《走向嵌入型监管：当代中国政府社会组织管理体制的新观察》，《经济社会体制比较》2011 年第 4 期。

持相对中立、裁决公正，也未必获得信访者的认同。信访第三方的独立性决定了执行过程与处置结果的公信力与权威度，当律师第三方成为政府代言人或成为信访部门附庸时，由律师干预农民工行为心理重塑的公信力将再次缺失。

（四）律师的多重面孔：诉讼思维与调解思维的冲突

律师固有诉讼思维与调解思维存在冲突。受职业思维影响，律师在诉讼中趋向委托人利益最大化，而调解则要求冲突各方达成协议，趋同各方的共同利益；诉讼制度要求律师依据法律法规，对案件主体进行判断，是对已发生事件的评判，而调解则要求调解员综合法律、道德等多维视角综合思考，并着眼于未来长期稳定。同时担任双重角色的律师团体，不得不在"利益对抗"与"利益趋同"、"法律视角"与"多维视角"的冲突中寻找平衡。调解职能并非律师本职工作，这意味着在参与信访工作之前，绝大多数律师团体并未接受过调解相关的业务培训，在调解方面不具备专业性。在实际信访中，律师能较好地完成案件诉讼等法律问题，却未必能很好地完成行政调解工作，这使得律师作为第三方的专业性出现了缺口。《司法部关于开展律师调解试点工作的意见》中规定律师调解以平等自愿为原则，自愿协商达成协议，这意味着调解过程需要大量时间成本以降低冲突双方的期望值，在实际执行过程中，出于专业性的考虑以及节省时间成本，律师可能消极对待调解服务，而倾向将信访案件引入自己熟悉拿手的诉讼程序。

第二节　社会融合：社会心理共同体的再造

新生代农民工集体行动的社会心理机制在于这一群体所形成的社会关系网络以及由此所建构的心理共同体。新生代农民工因为非农非工，他们形成了相对依赖而又独立的社会关系网络。这一社会关系网络在他们因为社会排斥利益受损时而成为具有内聚力的群体。所以，新生代农民工集体行动的社会心理调适需要解决社会排斥问题，通过社会融合来实现他们社会心理共同体的再造。

一　社会排斥对新生代农民工的心理塑造

农民工群体内部有着比较强的感情纽带，如地缘、血缘、族缘等普遍存在于农民工私人关系中。他们的工作一般都是由亲戚、朋友、同乡介绍的。大多数农民工都不是独自在外闯天下，而是成群结队式的。农民工的流动性更加强化了他们之间的认同，当他们面对当地人、雇主时这种群体自我认同感更加强烈。农民工的群居模式也有助于进一步强化他们之间的群体关系。他们的活动区域很小，基本上是自我封闭的空间。再加上语言障碍的存在，农民工的方言与本地人的方言之间的差异形成了本地人与农民工之间交流的障碍。农民工从自己身份确立那一刻起就带有明显的"群体"特征。他们的生活方式、流动性、生活场所、语言习惯、社会地位等等又进一步强化了他们之间"群体"的认同感。农民工的地方认同遇到本地人的地方认同时就形成强烈的文化心理的排斥，为社会冲突的爆发埋下了种子。

第一，职业差异与社会自卑感。城市居民和农民工由于教育水平不同，因此两者在职业选择时也存在很大的差别，农民工在城市从事的都是最底层的工作。这些工作的特点是工作环境差，劳动时间长，劳动报酬低，几乎没有"五险一金"等福利。在从事职业方面，多数农民工集中在各类社会服务业和制造加工业。农民工从事的具体工作主要有制造加工业、建筑业、批发零售餐饮业、交通运输业等。在从事行业的单位性质方面，多数在私营企业工作或为个体户，其中大部分为个体户。相反，城市居民从事的是文秘、金融、IT方面的工作，这些工作相对比较轻松、收入高、有固定的节假日，符合城市居民的生活习惯，由于在城市中有广阔的人脉资源和物质资源，创业成功率较高。因此城市居民从事的都是体面的工作，工资高、工作环境好。导致这类差别的原因主要是农民工与城市居民在知识文化上的差距，以及没有相应的先天优势。我国是一个人情社会，城市居民有一个相对比较成熟的关系网，城市居民彼此占据了这个关系网的各个节点，故城市居民从事的职业都比较好。而农民工由于户籍制度的限制，从小生活在农村，随着城市经济的发展以及城市差距的逐渐扩大，农民工从农村来到城市务工，属于城市的外来者，先天就与城市居民存在诸多差距，徘徊在城市居民的边缘，故从事的职业也相对较差。

第二，经济地位低下与社会无力感。城市居民的社会经济地位高于农民工，生活水平较农民工也高很多，故导致农民工的融入意愿不强，城市居民与农民工之间的排斥心理较大，因此与城市居民的社会距离也较大。农民工由于学历较低和工作技能水平较低，在城市中从事的都是最脏、最累、最苦的工作。他们的闲暇时间少，经济能力有限，很少参加所在社区举办的公共文化活动，即使是专门针对农民工举办的活动也如此。而且，在城市居民占主导地位的社区中，农民工的文化生活被"边缘化"了。大部分人在工作之余的消遣方式依次为：打牌、聊天、看电视、睡觉、听音乐、上网等，而且大部分农民工的文化生活缺乏内涵、质量不高，较为单调乏味。反观城市居民，他们所在社区公共文化活动的情况较好。根据调查，城市居民参加社区公共文化活动较多的一个重要原因是其子女参加这类活动比较多，这些活动一般需要家长和子女互动参加，故城市居民参加的也比较多。

第三，固有生活习惯与社会陌生感。反观农民工，由于进城务工，他们的子女大多留在农村上学，故农民工的子女被称为留守儿童，因此社区的公共文化活动很少有农民工子女的影子，故农民工对这类文化活动的关注度较小，参与热情不高。对于农民工来说，当他们脱离农村，进城务工，住进现有社区以后，原来固有的在农村的社会关系网被打破，新的社会关系网还没有建立，导致自身的社会角色定位不清晰。由于一方水土养一方人，不同地区的文化形成了不同的风俗习惯，而且城市和农村存在较大的差别。方言、饮食习惯、交往方式、婚庆丧葬等，各地有各地的特征，各地有不同的方式，而且都是经过长期的积淀而固化形成的风俗习惯，很难在入城务工后的短时间内发生改变。这种矛盾分歧在农民工和城市居民之间经常发生。进城务工人员的心态复杂多变，适应期长，其心理调适也相对较长。因此，在社区农民工与城市居民的接触、交流及利益、文化冲突中，农民工表现出来的排斥、抵抗、反叛情绪往往很强，任何强制性的融合与歧视性的排斥均会遭到强烈的反抗，形成不安定的因素，极易引发社会问题。

第四，外来人与社会孤独感。从总体上看，农民工与其住宅附近的住户熟悉程度较低。而且在附近朋友较少的农民工，多数是新生代农民工，往往年龄越大在住宅附近结交的朋友就越多。大部分农民工与其邻居很少聊天、互访或借东西。可见，农民工与城市居民之间的邻里关系比较表层化、广泛化，而且是非友情的。考察居民的社区依恋感，从某种意义上讲，可以反映出居民的社区归属倾向以及农民工与城市居民在社区归属感的差别。城市居民对所处社区有较强的认同感。总体而言，城市居民认为所处社区对自己来说有一种亲切感的比例较高。人们对社区的思念，可能是由于在该地居住时间较长，对邻里和周围事物投入较多，因而才有较深的感情。城市居民表现出对社区较强的依恋心理，认可社区的亲切感，对社区环境以及社区其他成员评价较高，有较好的满意度，这在一定程度上可以说明多数城市居民的社区归属感较强。然而，农民工的社区归属感较弱。农民工经常流动于城市的各个地方，这在一定程度上表现出农民工对所处社区较弱的认同感。农民工认为所处社区对自己来说有一种陌生感，认为这个社区不属于自己真正的家，没有家乡的温暖。

二 社会融合与新生代农民工的心理共同体重建

从社会心理机制的角度来看，新生代农民工集体行动的心理基础是他们作为独立群体的相对剥夺感。在利益受损时，这种相对剥夺感愈加强烈而且容易形成群体心理共同体。所以，对于新生代农民工集体行动，基层政府需要通过社会融合重构他们的社会关系网络，着眼于农民工与本地人的社会融合来重建他们与本地人的心理共同体，着眼于破除外地与本地人之间存在的文化壁垒，选取有效切入点，大力引导、推广"五通"的文化融合。通过在语言、婚姻、人际交往和合作创业等方面的互通互补，实现农民工与本地居民在共同建设中融合、在工作生活中融合、在互相尊重学习中融合、在互利共赢中融合的新跨越，破除因为社会排斥而导致的农民工集体抗争行动。

第一，破除交流壁垒，实现"通语"。语言是最重要的交流工具。农民工来自五湖四海，各地的方言千差万别。解决语言交流障碍的办法只有一个，就是大家都讲普通话。为此，基层政府要把语言相通放在加强农民工服务管理工作的首要位置认真对待、着力推进。首先，政府倡议大家都来讲普通话，机关、企业、学校都要讲普通话。其次，号召农民工学习普通话，本地人教农民工学本地话。再次，搭建平台，推广普通话。举办普通话演讲、诗歌朗诵比赛。面向全社会不同人群，以不同方式、不同层次参与普通话朗诵或演讲比赛。最后，在公共场所、企业等显眼地方设立"请讲普通话"的倡议提示牌，促进全社会形成学好用好普通话的良好氛围。"普通话"不再是以前的所谓"电影话"，而是具有亲和力的交流工具，为彼此间的融合夯实了坚实的基础。

第二，破除信仰壁垒，实现"通俗"。笔者到广东潮州枫溪调研时发现，潮州有很多有别于其他地方的信仰和民风民俗。初到枫溪的外来人会觉得潮州人"多事""莫名其妙"，信仰上的差别成了他们融入本地的障碍。为此，枫溪各村、社区、企业都主动请农民工参与庙会、"烧窑"、"端午赛龙舟"等民俗活动，让他们深入了解各种民俗活动的内涵。同时，政府还积极引导企业了解农民工家乡的民俗，在企业中举办各类民俗文化活动。每年的端午节，农民工特别是来自水乡、"端午节"发源地的青年都主动加入企业或村里的龙舟队，并把家乡"端午赛龙舟"活动的积极元素融入进来，为枫溪的"端午赛龙舟"活动增添了更多的乐趣。民俗活动拉近了本地人与外地人之间的距离，让不同特质文化通过相互交流，进而相互吸收、渗透，融为一体。

第三，破除户籍壁垒，实现"通婚"。政府与企业全力打破本地人把农民工看低一等的观念，经常宣传、推介农民工吃苦耐劳、阅历丰富、适应性强、敢想敢干等优点，让"新、老市民"互相看到长处、互相借鉴学习。同时通过村级青年志愿者协会举行由本地、外地青年共同参与的活动，搭建感情交流平台，如青年交友晚会等。政府各部门为本地、外地青年通婚入户开绿灯，简化手续，提供优质服务。对"入赘"本地的男青年一视同仁，与本地人一样享受宅基地和年底"分红"的福利待遇。

第四，破除圈子壁垒，实现"通情"。在人际交往中，圈子是普遍存在的，而圈子往往有排他性。如果让农民工和本地居民在各自的圈子中"各自为政""老死不相往来"，无疑难以实现真正意义上的融合。为破除这种圈子的障碍，基层政府应该大力倡导本地人与外地人结成朋友的文明新风尚。首先，有关部门、各自然村的社会服务机构、企业着力建设利用好企业文化、广场文化、社区文化、传统民俗文化等平台和载体，为"新、老市民"提供公共文化服务，让农民工和本地人打破原有的圈子局限，互相接纳，增进感情。其次，尊重农民工的文化权益，农民工在身份和待遇上与本地人处于平等地位，共同享受由政府、企业、民间提供的面向大众的公共文化服务。电影放映队、流动图书馆进入社区、企业、出租屋，让他们"不出村口"就可以享受公共文化服务和精神食粮。最后，企业在内部设立活动室、运动场、阅览室、报刊室等，让农民工和本地员工在业余时间一起娱乐活动，增进友谊。近年来，内外地人、新老市民互交朋友的现象越来越普遍。本地人在红白喜事活动中以有更多外地朋友参与为荣，农民工在本地过节举行活动也以有更多本地朋友参加为荣。

第五，破除理念壁垒，实现"通业"。基层政府应该引导农民工与本地人合作创业。基层政府应该转变观念，认识到只有共同开创事业，推进彼此间的融合，才能把创业搞得更好。对农民工独立办企业的，基层政府应该给予工商登记、税收优惠等政策和用水、用电的便利；对具备条件的小型企业，积极搭建银企平台，为它们提供贷款的便利。在政府的引导和鼓励下，企业要树立经营共利、劳资相长的观念，帮助已完成资本原始积累且具有经营头脑的农民工承包车间、配件厂、企业、超市等，共享发展成果。从而让农民工和本地企业在共同的事业中实现更高层次、更可持续发展的融合。

第三节　治理吸纳：政治信任感的培育

新生代农民工集体行动产生的一个重要原因是他们对常住地基层政府以及本地人的不信任。这一方面是我国几千年的差序格局所形成的地域认同造成的，另一方面也与我国长期运作的二元治理体系有关。

一　治理排斥与政治不信任感的生产

第一，治理排斥与对社会的不信任感。首先，社会游离化和对社会的不信任感。流动人员在农村发展中的"话语权"不多，加之工作压力较大、居住流动性增加，社区归属感不强，"候鸟心态"明显。农民工的流动突破了原来以户籍为核心的社会管理体系。农民工户籍在农村但是人在城市，人与籍的分离使得他们完全游离于城乡社会管理之外。其次，农民工群体由农民向工人的转变导致其权利意识发生变化。因为生产方式、知识水平、信息获取等方式的变化，农民工获得了农民无法比拟的权利意识。权利意识的增长使得传统的管制模式遭到前所未有的抵抗。最后，"一市两策"引发治理难题。传统管制把农民工排除在公共服务之外，造成本地人与外地人的严重对立，为社会稳定带来威胁。

第二，治理权利缺失和对基层政府的不信任感。虽然农民工的户籍在农村，但是其工作和生活都在城市，与其直接利益相关的公共利益和公共权力既存在于户籍所在地又存在于工作所在地。但是，根据我国相关法律制度的规定，农民工的选举权和被选举权是与户籍绑定的，因此农民工是不能在工作所在地享有选举权和被选举权的。根据《中华人民共和国村民委员会组织法》规定，选民登记根据户籍来进行，那些户籍不在本地但在本地长期居住的村民需要经过本村村民会议或村民代表会议的同意方可进行选民登记。也就是说，只有那些具有本村户籍的村民才享有本村村委会的选举权。农民工要想参加村民委员会的选举必须经过本村村民会议或村民代表会议的同意，而这两个会议在现实生活中很少召开，并且召开这两个会议来批准外地人的选举权和被选举权，在现实操作中基本上不可能。《中华人民共和国村民委员会组织法》还规定，已在户籍所在村或者居住村登记参加选举的村民，不得再参加其他地方村民委员会的选举。通过《中华人民共和国村民委员会组织法》我们可以看出，农民工的选举权和被选举权被锁定在户籍所在地。他们想参加工作所在地的选举必须征得当地村民会议或村民代表会议的同意，这显然有着相当大的难度，在现实操作中几乎不可能实现。

第三，公共服务差异化与不公平感。农民工受到义务教育的排斥，他们无法享受到与城市市民平等的义务教育权。根据相关政策规定，针对流动人口的义务教育，城市各级政府要坚持以流入地政府管理为主、以公办中小学为主，保障进城务工就业农民子女接受义务教育。流动人口的义务教育管理权限和责任在流入地政府、公办中小学。但是，流入地政府没有这种动力和财力。而且，公办中小学的办学条件也无法容纳这么多的流动人口子女入学。所以，在现实的贯彻中实际上无法操作。虽然政策规定要落实地方政府负责的农村义务教育管理体制，根据文件精神，地方政府也就是"流入地"管理负责制，但是由于分税制流入地政府财政有限，许多地方政府没有足够的财政来为流动人口提供义务教育。而且，由于财政拨付是按照户籍人口数量来进行转移支付的，因此地方政府也缺乏为流动人口提供义务教育的积极性和动力。

二　以治理吸纳培育政治信任感

在传统治理模式中，城市和乡村之间是分割性的二元治理模式，它把农民和市民分割成两个相对独立的族群。在乡村，人民公社和村委会、村支部对本公社或本村的农民进行"守株待兔"式的静态治理。在城市，单位对本单位的市民进行全面的管理。[1] 虽然农民和市

---

[1]　孔凡义：《流动社会的流动治理：国家与社会关系的视角》，《经济社会体制比较》2012 年第 4 期。

民是相对独立且差异很大的，但是因为城市和乡村之间的社会流动很弱，所以社会融合问题显得无足轻重。但是，随着流动社会的形成，农民大量涌入城市，他们在城市工作和生活，农民工和市民之间的差异很容易引发诸多社会矛盾和冲突，社会融合自然成为了亟待解决的问题。因此，我国农民工的社会融合问题是由传统二元治理模式所导致的，更为重要的是传统二元治理模式并没有随着农民工大量进城而完全改变，他们对农民工和市民的治理仍然沿袭原来的模式，这自然容易引发农民工的群体性事件，农民工与本地市民的社会融合因为治理转型滞后而无法实现。诸多农民工群体性事件的发生表面上看似乎是文化融合或族群融合不力，实际上则是分割治理或二元治理带来的。所以，我国农民工的社会融合其解决之道在于治理的转型，建立融合的治理模式。只有治理融合解决了，社会融合才会实现，只有社会融合解决了，集体行动的心理动因才能够解决。

第一，治理吸纳改变了基层治理权力结构，重建农民工对基层政府的信任。治理吸纳是把农民工吸纳到基层治理结构中，保障农民工的政治权利。虽然基层政府通过为农民工提供公共服务，农民工拥有了公共服务的享有权，但是他们没有社会冲突解决的决策权、裁判权。因为没有决策权，那么农民工只有权利享受公共服务，但是没有权力决定他们享受什么样的公共服务，没有权力决定公共服务是否公平地分配。因为没有裁判权，更没有权力来协调本地人与外地人之间的社会冲突，这让农民工在与本地人的社会冲突中处于不利地位，也导致了新生代农民工对基层政府的普遍不信任。通过治理吸纳，把新生代农民工吸纳到治理结构中，农民工与本地人共同治理本地公共事务，以农民工参与的方式来提升他们对基层政府的信任。

第二，治理吸纳改变了基层治理权力结构，重建农民工对本地人的信任。治理吸纳改变了本地人与外地人之间的关系。在农民工被吸纳到治理结构之前，农民工是社区的服务对象，更是社区治理的对象。更重要的是，在农民工被吸纳到治理结构之前，社区为本地人和外地人提供不同的公共服务，对他们往往采取分而治之的策略。但是在农民工被吸纳到治理结构之后，外地人不仅是被服务的对象，而且成为了社区决策的主体，在涉及农民工或外来人口的事务上他们拥有了发言权。原来的社区治理是由本地人来治理本地人和外地人，现在是由本地人和外地人协同治理本社区的公共事务。农民工不再是所在地社区治理的旁观者，而拥有了与本地人相同（或相近的）治理权。本地人和农民工共同组成的基层治理结构为本地人与外地人的融合提供了一个交流的平台。农民工参与基层公共事务治理，外地人拥有了与本地人协商的平台。通过协商，本地人也有了更多的交流和信任，从而有利于本地人与外地人的融合。

第三，治理吸纳改变了基层治理权力结构，重建农民工对政策的信任。治理吸纳改变了原有的社区治理结构，由原来本地人单一的治理结构转变成由本地人和农民工共治的治理结构，社区的公共服务决策不再是本地人的单一决策，公共服务不再分而治之采取差异化的政策。通过把农民工纳入社区治理体系，可以提高社区解决本地人与外地人冲突的公信力，把矛盾降低到最低限度，也有利于促进农民工与本地人的融合，可以提高社区决策的民主性，促进社会资源在本地人与农民工之间的平等分配，有助于提高农民工对于政策决策和执行的认同。

附录：新生代农民工社会政治意识行为调查问卷

调查员姓名：　　　　地点：　　　完成时间：　年　月　日　时　分

受访者姓名：　　　　第一联系电话：　　　　第二联系电话：

您好！

　　感谢您能够参加这次调查活动。本次调查是中南财经政法大学举行的，主要目的是了解流动人口社会政治心理行为情况。您的合作对我们了解有关信息和决策工作具有十分重要的意义。您的回答不涉及是非对错，但务必请您按照您的实际情况逐一回答我们所提的每个问题。对您的回答我们将按照《统计法》予以保密。

对您的合作和支持，我们表示衷心的感谢！

第一（A）组：请您填写本人的基本信息。

A1	性别		A2	年龄		A3	籍贯	
A4	现打工城市		A5	民族		A6	行业	
A7	月收入（元）		A8	打工工龄	年	A9	宗教信仰	有　没有
A10	婚姻状态	是　否	A11	周工作小时		A12	父母打工	是　否
A13	打工城市个数		A14	教育程度	文盲；识字未上学；小学；初中；高中；中专；大专；本科	A15	户籍形式	农村户口居住证
	打工公司个数							
A16	住宿方式	宿舍私房出租屋	A17	打工企业	国企私企外企零工	A18	子女就学所在地	本地老家

续表

A19	加入老乡会	有 没有	A20	QQ微信群	工 友 老 乡 亲朋	A21	同城亲朋	0 1－3 3－
A22	定居意愿	愿意 不愿 犹豫不决	A23	打工目的	收入 地位前景 子女	A24	政治面貌	群众 党员团员

第二（B）组：下面针对您的说法您认为是正确的还是错误的。

		正确	错误
B1	没有签劳动合同		
B2	平均每天工作超过8小时		
B3	没有享受法定节假日		
B4	加班没有加班工资		
B5	在上一年有工资拖欠经历		
B6	从事危险的、有毒的、容易受伤的工作		
B7	遭受了工伤或职业病		
B8	工作场所有辱骂和挨打		
B9	有工伤保险		
B10	有医疗保险		
B11	有养老保险		
B12	有失业保险		
B13	被要求停下来进行身份检查		
B14	被带到拘留所或派出所		
B15	在工作场所受到不平等对待		
B16	受到当地人歧视		

第三（C）组：当您的权利受到侵害时，您的选择是

		很有可能	比较可能	不太可能	很不可能
C1	寻求法律帮助				
C2	找亲朋好友或老乡帮忙				
C3	找相关的部门调节和仲裁				

续表

		很有可能	比较可能	不太可能	很不可能
C4	不寻求帮助，只是忍受				
C5	寻求工会的帮助				

第四（D）组：请问您是否同意以下各种观点？

		完全同意	比较同意	比较反对	完全反对
D1	像我这样的人，对政府的作为有影响力				
D2	像我这样的人，我认为政府在乎我的想法是什么				
D3	这么多人在选举中投票，我是否投票无关紧要				
D4	对中国所面临的一些重大政治问题，我觉得自己比较了解				
D5	我认为中国大部分的人，都比我更知道政治和政府的事				

第五（E、F）组：请回答您对以下组织和个人的信任程度。

		非常信任	有些信任	不太信任	完全不信任
E1	政府				
E2	人大				
E3	公安机关				
E4	军队				
E5	法院				
E6	中国共产党				
E7	工会				
E8	青年团				
E9	妇联				
		非常信任	有些信任	不太信任	完全不信任
F1	老乡				
F2	邻居				

		非常信任	有些信任	不太信任	完全不信任
F3	工人				
F4	警察				
F5	人大代表				
F6	政协委员				
F7	农民				
F8	农民工				
F9	专家				
F10	律师				
F11	同事				
F12	记者				
F13	本地人				
F14	老板				
F15	法官				

第六（G）组：请回答您从事下列活动的次数。

		没有	较少	一般	经常
G1	为了自己或者同事的利益找单位领导				
G2	为维护自己的合法权益向政府部门投诉				
G3	在网络上对本市发展的相关问题发表自己的观点				
G4	给媒体写信或打电话表达自己对一些公众关心的问题的看法				
G5	在网络上参与讨论，对国家大事发表自己的观点				
G6	向人大代表、政协委员提意见				
G7	写信给政府相关部门或信访部门投诉				
G8	到政府请愿讲理，找领导对话				
G9	在村（居）委会选举中去投票				
G10	参与老家或工作单位的公共事务				

第八（I）组：请问您觉得下列说法正确与否？

		完全正确	比较正确	可能不正确	完全不正确
I1	我来自农村，是个地地道道的农村人				
I2	我虽然生活在城市，但是跟城市人有根本性的区别				
I3	总体而言，我属于被支配的群体				
I4	我属于被统治阶级				
I5	我生活在中国社会的底层				
I6	我是下层社会的人				
I7	我兼有农民和工人的双重特征				
I8	我是新群体农民工的一员				
I9	我不是一个有钱有势有地位的人				
I10	我是普普通通的人民大众				

第九（J）组：对于下列说法，您是否赞成？

		完全赞成	比较赞成	比较反对	完全反对
J1	与当地人在职业方面存在差异				
J2	与当地人在教育程度上存在差异				
J3	与当地人在收入上存在差异				
J4	与当地人在价值观上存在差异				
J5	与当地人在社会地位方面存在差异				
J6	与当地人在生活习惯上存在差异				
J7	喜欢打工的居住地				
J8	喜欢打工的城市				
J9	与打工地的当地人经常来往				
J10	与同事经常来往				
J11	与邻居经常来往				
J12	感觉自己和当地人被区别对待				
J13	本地人瞧不起外地人				

第十（K）组：对于下列说法，您是否赞成？

		完全赞成	比较赞成	比较反对	完全反对
K1	在中国男人和女人是平等的				
K2	在中国穷人和富人是平等的				
K3	在中国老百姓和官员是平等的				
K4	在中国上层人和下层人是平等的				
K5	在中国农村人和城市人是平等的				
K6	在中国本地人和外地人是平等的				
K7	在中国各民族之间是平等的				
K8	我对自己的生活是满意的				
K9	我对自己的工作有成就感				
K10	我国的教育是公平的				
K11	我国的医疗卫生是公平的				
K12	我国的司法执法是公平的				
K13	我国的就业是公平的				
K14	在我国个人信息和隐私是安全的				
K15	在我国人身是安全的				
K16	在我国财产是安全的				
K17	在我国劳动是安全的				
K18	在我国医疗是安全的				
K19	在我国食品是安全的				

第十一（L）组：您认为下列个人和组织的腐败程度为

		非常腐败	比较腐败	比较廉洁	非常廉洁
L1	记者				
L2	教师				
L3	医生				
L4	律师				
L5	军人				
L6	警察				
L7	人大代表				

续表

		非常腐败	比较腐败	比较廉洁	非常廉洁
L8	法官				
L9	政协委员				
L10	政府				
L11	人大				
L12	公安机关				
L13	军队				
L14	法院				
L15	中国共产党				
L16	工会				
L17	共青团				
L18	妇联				

参考文献

马克思主义经典著作

《马克思恩格斯选集》第 1—4 卷，人民出版社 2012 年版。

《毛泽东选集》第 1—4 卷，人民出版社 1991 年版。

《邓小平文选》第 1—3 卷，人民出版社 1993 年、1994 年版。

《习近平谈治国理政》第 1—4 卷，外文出版社 2014 年、2017 年、2020 年、2022 年版。

中文论著

布成良：《论人民团体在我国协商民主中的属性和内容》，《中共天津市委党校学报》2014 年第 6 期。

蔡昉、张车伟：《人口与劳动绿皮书：中国人口与劳动问题报告》，社会科学文献出版社 2016 年版。

蔡禾、李超海、冯建华：《利益受损农民工的利益抗争行为研究——基于珠三角企业的调查》，《社会学研究》2009 年第 1 期。

曹锦清、张乐天：《传统乡村的社会文化特征：人情与关系网——一个浙北村落的微观考察与透视》，《探索与争鸣》1992 年第 2 期。

曹文宏：《理性怀疑与政府信任：一个学理的探讨》，《浙江社会科学》2010 年第 2 期。

陈柏峰：《偏执型上访及其治理的机制》，《思想战线》2015 年第 6 期。

陈倩：《论政府信任关系的历史类型》，光明日报出版社 2009 年版。

陈雪莲：《地方干部的政治信任与政治效能感：一项以问卷为基础的

研究》，《社会科学》2013 年第 11 期。

池上新：《市场化、政治价值观与中国居民的政府信任》，《社会》 2005 年第 2 期。

杜恩、李雨书：《基层政府的民众信任度影响因素分析——基于 CGSS 数据回归模型研究》，《当代经济》2017 年第 17 期。

杜海峰、刘茜、任锋：《公平感对农民工流入地政府信任的影响研 究——基于公民权意识的调节效应分析》，《西安交通大学学报》 （社会科学版）2015 年第 4 期。

段桃秀：《政治效能感、社会公平感与政府信任——基于 W 市农民工 的实证分析》，硕士学位论文，中南财经政法大学，2019 年。

范柏乃、徐巍：《我国公民政治效能感的影响因素研究：基于 CGSS2010 数据的多元回归分析》，《浙江社会科学》2014 年第 11 期。

范忠信、郑定、詹学农：《情理法与中国人》（修订版），北京大学出 版社 2011 年版。

费孝通：《乡土中国》，上海三联书店 1947 年版。

冯仕政：《国家政权建设与新中国信访制度的形成及演变》，《社会学 研究》2012 年第 4 期。

符平：《中国农民工的信任结构：基本现状与影响因素》，《华中师范 大学学报》（人文社会科学版）2013 年第 2 期。

高学德、翟学伟：《政府信任的城乡比较》，《社会学研究》2013 年第 2 期。

桂勇、施文捷：《城市基层集体行动对政治效能感的影响：一项实证 研究》，《复旦政治学评论》2009 年第 1 期。

何可、张俊飚、张露、吴雪莲：《人际信任、制度信任与农民环境治 理参与意愿——以农业废弃物资源化为例》，《管理世界》2015 年 第 5 期。

和经纬、黄培茹、黄慧：《在资源与制度之间：农民工草根 NGO 的生 存策略——以珠三角农民工维权 NGO 为例》，《社会》2009 年第 6 期。

贺雪峰：《国家与农民关系的三层分析——以农民上访为问题意识之

来源》，《天津社会科学》2011 年第 4 期。

胡克明：《我国传统社会中的情理法特征——交互融合与互动共生》，《浙江社会科学》2012 年第 3 期。

胡荣：《农民上访与政治信任的流失》，《社会学研究》2007 年第 3 期。

胡荣：《中国人的政治效能感、集体行动和警察信任》，《社会学研究》2015 年第 1 期。

胡荣、胡康、温莹莹：《社会资本、政府绩效与城市居民对政府的信任》，《社会学研究》2011 年第 1 期。

胡荣、沈珊：《社会信任、集体行动和公众的政治效能感》，《东南学术》2015 年第 3 期。

胡煦：《社会公平感、公共参与与社会融入——基于武汉市农民工的实证研究》，硕士学位论文，中南财经政法大学，2019 年。

黄振辉、王金红：《捍卫底线正义：农民工集体维权行动的道义政治学解释》，《华南师范大学学报》（社会科学版）2010 年第 1 期。

霍存福：《中国传统法文化的文化性状与文化追寻——情理法的发生、发展及其命运》，《法制与社会发展》2001 年第 3 期。

江立华、胡杰成：《"地缘维权"组织与农民工的权益保障——基于对福建泉州农民工维权组织的考察》，《文史哲》2007 年第 1 期。

金荣：《社区治理转型：解决农民工社会融合的正道》，《当代广西》2014 年第 13 期。

金太军、赵军锋：《基层政府"维稳怪圈"：现状、成因与对策》，《政治学研究》2012 年第 4 期。

井世洁、杨宜音：《转型期社会信任感的阶层与区域特征》，《社会科学》2013 年第 6 期。

康晓强：《群众团体与人民团体、社会团体》，《社会主义研究》2016 年第 1 期。

孔凡义：《从政治边缘人到集体行动者：农民工行为的演变逻辑》，《科学决策》2011 年第 7 期。

孔凡义：《流动社会的流动治理：国家和社会关系的视角——基于川

中 S 市的实证研究》，《经济社会体制比较》2014 年第 4 期。

孔凡义：《农民上访与送法下乡：律师参与基层纠纷化解研究》，《湖北社会科学》2020 年第 10 期。

孔凡义：《信任、政治信任与政府治理：全球视野下的比较分析》，《中国行政管理》2009 年第 10 期。

孔凡义、程颖：《传统合法化资源与农民工的利益表达——基于农民工 1733 份领导留言的文本分析》，《公共行政评论》2020 年第 1 期。

孔凡义、杨小龙：《越级上访的概念、类型和发生机制》，《武汉科技大学学报》（社会科学版）2019 年第 1 期。

李锋：《网络政治参与行为的政治心理机制分析——基于项目反应理论的测量》，《中共天津市委党校学报》2020 年第 2 期。

李辉、孟天广：《腐败经历与腐败感知：基于调查实验与直接提问的双重检验》，《社会》2017 年第 6 期。

李连江：《差序政府信任》，《二十一世纪》2012 年第 3 期。

李荣彬、袁城：《社会变迁视角下农民工身份认同的实证研究——基于全国农民工动态监测调查数据》，《人口与发展》2013 年第 6 期。

李蓉蓉：《海外政治效能感研究述评》，《国外理论动态》2010 年第 9 期。

李蓉蓉：《农民政治效能感对集体行动影响的实证研究》，《深圳大学学报》（人文社会科学版）2013 年第 4 期。

李蓉蓉：《政治效能感：内涵与价值》，《晋阳学刊》2010 年第 2 期。

李伟民、梁玉成：《特殊信任与普遍信任：中国人信任的结构与特征》，《社会学研究》2002 年第 3 期。

李砚忠：《政府信任：一个值得关注的政治学问题》，《中国党政干部论坛》2007 年第 4 期。

李艳霞：《"后物质主义"价值观与当代中国公众的政治信任——以代际差异为视角的比较分析》，《公共管理学报》2017 年第 3 期。

李艳霞：《何种信任与为何信任》，《公共管理学报》2014 年第 2 期。

李泽厚：《中国古代思想史论》，人民出版社 1985 年版。

梁宏：《生存还是发展，利益还是权利？——新生代农民工集体行动意愿的影响因素分析》,《中国农村观察》2013 年第 1 期。

梁漱溟:《中国文化要义》,世纪出版集团、上海人民出版社 2005 年版。

林超超:《合法化资源与中国工人的行动主义——1957 年上海 "工潮" 再研究》,《社会》2012 年第 1 期。

林巧明、杨宜音:《时空下的流转:新生代农民工生活方式研究》,《哈尔滨工业大学学报》(社会科学版) 2021 年第 1 期。

刘丽娟:《新生代农民工就近城镇化形成机制、实践基础及发展路径》,《重庆社会科学》2020 年第 10 期。

刘米娜、杜俊荣:《转型期中国城市居民政府信任研究——基于社会资本视角的实证分析》,《公共管理学报》2013 年第 2 期。

刘茜、杨俊:《童年期留迁经历对新生代农民工政府信任的影响机制研究》,《云南行政学院学报》2021 年第 2 期。

刘召:《论政府信任》,《云南社会科学》2011 年第 6 期。

卢春龙、严挺:《中国农民政治信任的来源:文化、制度与传播》,社会科学文献出版社 2016 年版。

吕程平:《 "理" 的逻辑:认同、交互与抗争——基于 A 省网民拆迁类留言的分析》,《管理世界》2015 年第 2 期。

吕青:《新市民的信任:从差序格局到扩展的同心圆——以无锡市广瑞一村为实证对象》,《江南大学学报》(人文社会科学版) 2006 年第 4 期。

吕书鹏、肖唐镖:《政府评价层级差异与差序政府信任——基于 2011 年全国调查数据的实证研究》,《北京行政学院学报》2015 年第 1 期。

马得勇、王正绪:《社会资本、民主发展与政府治理》,《开放时代》2009 年第 5 期。

孟天广:《转型期的中国政治信任:实证测量与全貌概览》,《华中师范大学学报》2014 年第 2 期。

孟天广:《转型期中国公众的分配公平感:结果公平与机会公平》,《社会》2012 年第 6 期。

倪星、孙宗锋:《政府反腐败力度与公众清廉感知——基于 G 市的实证分析》，《政治学研究》2015 年第 1 期。

潘文爵：《中国古代法律推理大前提的构建——基于中国文化语境中情、理、法的分析》，《法制与社会》2011 年第 18 期。

乔文俊、王毅杰：《农民工政府信任及其影响因素——基于南京市的调查》，《经济问题》2015 年第 12 期。

乔志杰、郭莉：《心理学层面的政府信任关系重构》，《延安大学学报》（社会科学版）2014 年第 6 期。

申端锋：《乡村治权与分类治理：农民上访研究的范式转换》，《开放时代》2010 年第 6 期。

施从美、宋虎：《"缠闹政治"：征地拆迁中官民互动与博弈的现实图景——兼论枢纽型乡村治理结构的构建》，《江汉论坛》2014 年第 4 期。

施曙红：《把握"情·理·利"做好群众工作》，《江苏法制报》2014 年 3 月 4 日第 C 版。

孙昕、徐志刚、陶然、苏福兵：《政治信任、社会资本和村民选举参与——基于全国代表性样本调查的实证分析》，《社会学研究》2007 年第 4 期。

汤志伟、钟宗炬：《基于知识图谱的国内外政府信任研究对比分析》，《情报杂志》2017 年第 2 期。

唐斌：《农民工政治信任的现状及其提升对策探讨——基于广州市白云区太和镇的调查》，《理论导刊》2014 年第 4 期。

田先红：《从维权到谋利——农民上访行为逻辑变迁的一个解释框架》，《开放时代》2010 年第 6 期。

田先红：《基层信访治理中的"包保责任制"：实践逻辑与现实困境——以鄂中桥镇为例》，《社会》2012 年第 4 期。

佟新：《延续的社会主义文化传统——一起国有企业工人集体行动的个案分析》，《社会学研究》2006 年第 1 期。

汪习根、王康敏：《论情理法关系的理性定位》，《河南社会科学》2012 年第 2 期。

王丛虎：《政府公信度与腐败认知度的关系——兼评透明国际 CPI 排

名方法》，《教学与研究》2014 年第 6 期。

王连伟：《国外政府信任研究：理论述评及其启示》，《国外社会科学》2015 年第 4 期。

王鸥：《城乡发展与新生代农民工的工作流动——基于打工地和输出地的城乡多点研究》，《中国农业大学学报》（社会科学版）2021 年第 5 期。

王强：《政府信任的建构："五位一体"的策略及其途径》，《行政论坛》2013 年第 2 期。

王思琦：《政治信任、人际信任与非传统集体行动》，《公共行政评论》2013 年第 2 期。

王毅杰、乔文俊：《中国城乡居民政府信任及其影响因素》，《南京社会科学》2014 年第 8 期。

吴进进：《腐败认知、公共服务满意度与政府信任》，《浙江社会科学》2017 年第 1 期。

夏春：《社会组织信任提升策略：基于公众的调查》，《辽宁行政学院学报》2015 年第 11 期。

肖汉宇、公婷：《腐败研究中的若干理论问题——基于 2009—2013 年 526 篇 SSCI 文献的综述》，《经济社会体制比较》2016 年第 2 期。

肖唐镖：《当代中国的"群体性事件"：概念、类型与性质辨析》，《人文杂志》2012 年第 4 期。

肖唐镖、王欣：《"民心"何以得或失——影响农民政治信任的因素分析：五省（市）60 村调查（1999—2008）》，《中国农村观察》2011 年第 6 期。

肖唐镖、王欣：《中国农民政治信任的变迁——对五省、市 60 个村的跟踪研究（1999—2008）》，《管理世界》2010 年第 9 期。

谢宝富：《如何正确解读政治意识》，《人民论坛》2016 年第 29 期。

谢建社、谢宇：《新时代农民工在乡村振兴中的共赢机制建构》，《甘肃社会科学》2018 年第 4 期。

谢岳：《从"司法动员"到"街头抗议"：农民工集体行动失败的政治因素及其后果》，《开放时代》2010 年第 9 期。

谢治菊:《农村最低生活保障制度与农民对政府信任的关系研究——来自两次延续性调查》,《中国行政管理》2013 年第 6 期。

谢治菊:《农民政府信任的实证调查与逻辑建构》,人民出版社 2015 年版。

徐成徽:《情理法的司法适用价值》,《法制与社会》2008 年第 34 期。

徐晓军、张必春:《论返乡青年农民的灰恶化与集体行动风险》,《广东社会科学》2009 年第 3 期。

许泽宁:《多源流理论视角下农民工市民化政策演变研究》,《山东农业大学学报》(社会科学版)2019 年第 4 期。

杨建宇:《影响政府信任的民主因素——基于多项新近跨国研究的分析》,《云南行政学院学报》2014 年第 1 期。

杨菊华、吴敏、张娇娇:《农民工身份认同的代际差异研究》,《青年研究》2016 年第 4 期。

杨政怡、杨进:《社会资本与新生代农民工就业质量研究——基于人情资源和信息资源的视角》,《青年研究》2021 年第 2 期。

杨中芳、彭泗清:《中国人人际信任的概念化:一个人际关系的观点》,《社会学研究》1999 年第 2 期。

易承志、刘彩云:《政治信任、相对剥夺感与群体性事件参与——基于 CGSS 2010 数据分析》,《广东行政学院学报》2017 年第 4 期。

尹利民:《"表演型上访":作为弱者的上访人的"武器"》,《南昌大学学报》(人文社会科学版)2012 年第 1 期。

应星:《"气"与中国乡土本色的社会行动——一项基于民间谚语与传统戏曲的社会学探索》,《社会学研究》2010 年第 5 期。

应星:《"气场"与群体性事件的发生机制——两个个案的比较》,《社会学研究》2009 年第 6 期。

于建嵘:《当代中国农民的"以法抗争"——关于农民维权活动的一个解释框架》,《文史博览》(理论)2008 年第 12 期。

于建嵘:《机会治理:信访制度运行的困境及其根源》,《学术交流》2015 年第 10 期。

于建嵘:《社会泄愤事件中群体心理研究——对"瓮安事件"发生机

制的一种解释》,《北京行政学院学报》2009 年第 1 期。

于文轩:《政府透明度与政治信任:基于 2011 中国城市服务型政府调查的分析》,《中国行政管理》2013 年第 2 期。

余敏江、梁莹:《政府信任与公民参与意识内在关联的实证分析——以南京市为例》,《中国行政管理》2008 年第 8 期。

袁柏顺:《公众腐败感知与腐败的民间传说——基于 C 市城区公众腐败感知调查的一项研究》,《公共行政评论》2016 年第 3 期。

袁浩、顾洁:《社会公平感、政治效能感与政治信任:基于 2010 年中国综合社会调查数据的分位数回归分析》,《甘肃行政学院学报》2015 年第 2 期。

张成福、边晓慧:《重建政府信任》,《中国行政管理》2013 年第 9 期。

张飞、蒋思:《资源枯竭型城市农民工政府信任研究——基于博弈的视角》,《经济研究导刊》2015 年第 22 期。

张海良、许伟:《人际信任、社会公平与政府信任的关系研究——基于数据 CGSS2010 的实证分析》,《理论与改革》2015 年第 1 期。

张厚安、蒙桂兰:《完善村民委员会的民主选举制度 推进农村政治稳定与发展——湖北省广水市村民委员会换届选举调查》,《社会主义研究》1993 年第 4 期。

张书维、许志国、徐岩:《社会公正与政治信任:民众对政府的合作行为机制》,《心理科学进展》2014 年第 22 期。

张双山:《正解"集体信访"》,《公民导刊》2006 年第 8 期。

张晓军、刘太刚、吴峥嵘:《政府信任的距离悖论:中美两国为何反向而行?——基于"承诺—兑现"的信任生成机制的分析》,《天津行政学院学报》2016 年第 1 期。

张旭霞:《论官僚制条件下公众对政府的信任关系》,《教学与研究》2004 年第 2 期。

张云武:《社会资本与组织信任的实证研究》,《中共浙江省委党校学报》2013 年第 4 期。

张正印:《事实的敞开:情理法判案模式的合法性构造》,《东方法学》2008 年第 3 期。

赵洪泽、李传香：《近年来国内政府信任问题的心理契约研究综述》，
《天府新论》2012 年第 1 期。

赵建国、于晓宇：《社会公平对政府信任的影响研究——基于 CGSS2010
数据的实证分析》，《财贸研究》2017 年第 3 期。

郑建君：《政治信任、社会公正与集体行动的关系——一项基于 625
名中国被试的实证分析》，《政治学研究》2013 年第 6 期。

郑晓茹、陈如：《征地冲突中农民的"套路式"抗争行为：一个解释
的框架》，《湖北社会科学》2017 年第 2 期。

中共中央文献研究室：《建国以来重要文献选编》（第二册），中央文
献出版社 1993 年版。

钟开斌：《集体信访：特点、成因及其治理》，《理论探讨》2012 年第
1 期。

周博文、杜山泽：《情理法：调解的法哲学思维解析》，《湖北社会科
学》2012 年第 11 期。

周黎安：《中国地方官员的晋升锦标赛模式研究》，《经济研究》2007
年第 7 期。

周林刚、冯建华：《农民工集体行动的策略——基于 X 厂 3 位组织精
英的个案分析》，《甘肃行政学院学报》2009 年第 1 期。

周少来：《"上访管控困境"与农村基层治理结构转型》，《江苏师范
大学学报》（哲学社会科学版）2017 年第 4 期。

周雪光：《运动型治理机制：中国国家治理的制度逻辑再思考》，《开
放时代》2012 年第 9 期。

周怡、周立民：《中国农民的观念差异与基层政府信任》，《社会科学
研究》2015 年第 4 期。

朱博文、许伟：《我国居民社会公平感与普遍信任关系研究——基于
CGSS2013 的实证分析》，《湖北社会科学》2016 年第 7 期。

朱荟：《农民工政府信任的实证检验研究——基于全国七城市的调查
分析》，《公共管理学报》2014 年第 4 期。

邹宇春、敖丹、李建栋：《中国城市居民的信任格局及社会资本影

响——以广州为例》，《中国社会科学》2012 年第 5 期。

［波兰］彼得·什托姆普卡：《信任：一种社会学理论》，程胜利译，中华书局 2005 年版。

［德］卢曼：《信任：一个社会复杂的简化机制》，瞿铁鹏、李强译，上海人民出版社 2005 年版。

［德］马克斯·舍勒：《爱的秩序》，林克等译，上海三联书店 1995 年版。

［德］马克斯·韦伯：《经济与社会》，林荣远译，商务印书馆 2006 年版。

［荷兰］史蒂芬·格雷姆里克怀森、庞诗等：《透明度、认知度和公民对政府信任度的关联性：实证分析》，《国际行政科学评论》（中文版）2013 年第 1 期。

［美］法兰西斯·福山：《信任：社会德性与繁荣的创造》，李宛蓉译，台湾立绪文化事业有限公司 1995 年版。

［美］弗雷德里克森：《公共行政的精神》，张成福等译，中国人民大学出版社 2003 年版。

［美］福山：《历史的终结及最后之人》，黄胜强等译，中国社会科学出版社 2003 年版。

［美］格林斯坦、波尔斯比：《政治学手册精选》（下卷），竺乾威等译，商务印书馆 1996 年版。

［美］亨廷顿、纳尔逊：《难以抉择——发展中国家的政治参与》，汪晓寿等译，华夏出版社 1989 年版。

［美］罗伯特·A. 达尔：《现代政治分析》，王沪宁译，上海译文出版社 1987 年版。

［美］罗伯特·D. 帕特南：《使民主运转起来》，王列、赖海榕译，江西人民出版社 2001 年版。

［美］汤姆·泰勒、安月梅、马得勇：《心理学视角的合法性与合法化》，《经济社会体制比较》2012 年第 1 期。

［美］詹姆斯·C. 斯科特：《弱者的武器》，郑广怀、张敏、何江穗译，译林出版社 2011 年版。

［日］蒲岛郁夫：《集体行动》，解莉莉译，经济日报出版社1989年版。

［英］安东尼·吉登斯：《现代性的后果》，田禾译，译林出版社2011年版。

［英］戴维·米勒、韦农·波格丹诺主编：《布莱克维尔政治学百科全书》，中国政法大学出版社2002年版。

［英］亚当·斯密：《道德情操论》，谢宗林译，中央编译出版社2008年版。

英文论著

Aberbach, J. D. and Walker, J. L, "Political Trust and Racial Ideology", *American Political Science Review*, Vol. 64, No. 4, 1970, pp. 1199 – 1220.

Akira Nakamura and Soonhee Kim, "Public Trust in Government in Japan and South Korea: Does the Rise of Critical Citizens Matter", *Public Administration Review*, Vol. 70, No. 5, 2010, pp. 801 – 810.

Andrew Stickely, Sara Ferlander, Tanya Jukkala, Per Carlson, Olga Kislistsyn, "Institutional Trust in Contemporary Moscow", *Europe-asia Studies*, Vol. 61, No. 5, 2009, pp. 779 – 796.

Barber, B. , *The Logic and Limits of Trust*, New Brunswick, NJ: Rutgers University Press, 1983.

Boon, S. D. & Holms, J. D, *The Dynamics of Interpersonal Trust: Resolving Uncertainty in the Face of Risk*, England: Cambridge University Press, 1991.

Bradach, J. L. & Eccles R. G. "Price, Authority and Trust: From Ideal Types to Plural Forms", *Annual Review of Sociology*, Vol. 15, No. 1, 1989. P. 104.

Brett W. Hawkins, Vincent L. Marando , George A. Taylor, "Efficacy, Mistrust, and Political Participation: Findings From Additional Data andIndicators", *The Journal of Politics*, Vol. 33, No. 4, 1971, pp. 1130 – 1136.

Cary Wu, Rima Wilkes, "Local-national political trust patterns: Why China is an exception", *International Political Science Review*, No. 4, 2018, pp. 1 – 19.

Chanley, Virginia. Thomas J. Rudolph M. Rahn, "The Originsand Consequences of Public Trust in Government A Time Series Analysis", *Public Opinion Quarterly*, Vol. 64, No. 3, 2000, pp. 239 – 256.

Christian Bjørnskov, "Determinants of Generalized Trust: A Cross-Country Comparison", *Public Choice*, Vol. 130, No. 1/2, 2007, pp. 1 – 21.

Coleman, K. M. and Davis, C. L, "The Structural Context of Politics and Dimensions of Regime Performance: Their Importance for the Comparative study of Political Efficacy", *Comparative Political Studies*, Vol. 9, No. 2, 1976, pp. 189 – 206.

Dasgupta, P, *Trust as a Commodity*, in: Gambetta, D. (eds.), *Trust, Making and Breaking Cooperative Relations*, Department of Sociology, 1988.

E. M. Uslaner, R. S. Conley, "Civic Engagement and Particularized Trust", *American Politics Research*, Vol. 31, No. 4, 2003, pp. 331 – 360.

Fernando Flores and Robert C. Solomon, "Creating Trust", *Business Ethics Quarterly*, Vol. 8, No. 2, 1998, pp. 205 – 232.

Francis Fukuyama, "Social Capital, Civil Society and Development", *Third World Quarterly*, Vol. 22, No. 1, 2001, pp. 7 – 20.

Frank, Jerome D. M. D. , "Cooperation and Prosocial Behavior", *The Journal of Nervous and Mental Disease*, Vol. 180, No. 9, 1992, p. 606.

Frederickson, George and David Frederickson, "Public Perceptions of Ethics in Government", *The Annals of the American Academy of Political and Social Science*, Vol. 537 No. 1, 1995, pp. 163 – 172.

Gambetta D, *Can We Trust Trust?* In: Gambetta D, ed. *Trust: Making and Breaking Cooperative Relations*, Basil Blackwell: Oxford University Press, 1990.

Gamson, William A. , *Power and Discontent*, Homewood, IL: Richard D

Irwin, 1968.

Gerry Veenstra, "Explicating Social Capital: Trust and Participation in the Civil Space", *The Canadian Journal of Sociology / Cahiers canadiens de sociologie*, Vol. 27, No. 4, 2002, pp. 547 – 572.

Giddens, Anthony, *The Consequences of Modernity*, Stanford: Stanford University Press, 1990.

Ho-Kong Chan, Kit-Chun Joanna Lam and Pak-Wai Liu, "The Structure of Trust in China and the U. S. ", *Journal of Business Ethics*, Vol. 100, No. 4, 2011, pp. 553 – 566.

Inglehart R. , *PostModernization Erodes Respect for Authority, But Increase Support for Democracy* [M] //NORRIS P. *Critical Citizen: Global Support for Democratic Government*, Oxford: Oxford University Press, 1999.

Inglehart, R. , *Trust, Well-being and Democracy, In Democracy and Trust*, Cambridge: Cambridge University Press. 1999.

J. David Lewis and Andrew Weigert, "Trust as a Social Reality", *Social Forces*, Vol. 63, No. 4, 1985, pp. 967 – 985.

Jack Citrin, Donald Philip Green, "Presidential Leadership and the Resurgence of Trust in Government", *British Journal of Political Science*, Vol. 16, No. 4, 1986, p. 439.

Jeffery M. Paige, "Political Orientation and Riot Participation", *American Sociological Review*, Vol. 36, No. 5, 1971, pp. 810 – 820.

John Fraser, "The Mistrustful-Efficacious Hypothesis and Political Participation", *The Journal of Politics*, Vol. 32, No. 2, 1970, pp. 444 – 449.

Justyna Nyckowiak, "Political Activity Is Trust in Democratic Institutions Really a Relevant Determinant", *International Journal of Sociology*, Vol. 39, No. 1, 2009, pp. 49 – 61.

Kaifeng Yang, "Public Administrators' Trust in Citizens: A Missing Link in Citizen Involvement Efforts", *Public Administration Review*, Vol. 65, No. 3, 2005, pp. 273 – 285.

Keele L, "Social Capital andThe Dynamics of Trust in Governmen", *Ameri-*

can Journal of Political Science, Vol. 51, No. 2, 2007, pp. 241 –257.

Kenneth Newton, "Trust, Social Capital, Civil Society, and Democracy", *International Political Science Review*, Vol 22, No. 2, 2001, pp. 201 – 214.

Kevin J. O'Brien and Lianjiang Li, "Selective Policy Implementation in Rural China", *Comparative Politics*, Vol. 31, No. 2, 1999, pp. 167 –186.

Kevin O'Brien & Lianjiang Li, *Rightful Resistance in Rural China*, New York: Cambridge University Press, 2006.

Lewis, J. D., and A. J. Weigert, "Trust as a Social Reality", *Social Forces*, 63: 1985, pp. 967 –985.

Lianjiang Li, "Political Trust and Petitioning in the Chinese Countryside", *Comparative Politics*, Vol. 40, No. 2, 2008, pp. 209 –226.

Lianjiang Li, "Political Trust in Rural China", *Modern China*, Vol. 30, No. 2, 2004, pp. 228 –258.

M. J, Hetherington, *Why Trust Matters: Declining Political Trust and the Demise of American Liberalism*, Princeton: Princeton University Press, 2005.

M. Weiner, "Political Participation: Crisis of the Political Process", in Leonard Binder, J. Coleman, J. Lapalombara, Pye, S. Verba and Weiner, Eds., *Crisis and Sequences in Political Development*, Princeton: Princeton University Press, 2015.

Marc J. Hetherington, "The Political Relevance of Trust in Government", *American Political Science Review*, Vol. 92, No. 4, 1998, pp. 791 –808.

Mark Lubell, "Familiarity Breeds Trust: Collective Action in a Policy Domain", *The Journal of Politics*, Vol. 69, No. 1, 2007, pp. 237 –250.

Markus Freitag, Marc Buhlmann, "Crafting Trust The Role of Political Institutions in a Comparative Perspective", *Comparative Political Studies*, Vol. 42 No. 12, 2009, pp. 1537 –1566.

MichelsonI MR, "Political Trust among Chicago Latinos", *Journal of Urban Affairs*, Vol. 23, No. 3/4, 2001, pp. 323 –334.

Mishler W, Rose R, "What are The Original Political Trust? Testing Institutional and Cultural Theories in Post-Communist Societies", *Comparative Political Studies*, Vol. 34, No. 1, 2001, pp. 30 – 62.

Morrell, M. E, "Survey and Experimental Evidence for a Reliable and Valid Measure of Internal Political Efficacy", *Public Opinion Quarterly* Vol. 67, No. 4, 2003, pp. 589 – 602.

Morton Deutsch, *Cooperation and Trust: Some Theoretical Notes*, in Jones, M. R. (ed.), Nebraska Symposium on Motivation, Nebraska: Nebraska University Press, 1962.

N. Luhmann, *Trust and Power*, New York: John Wiley & Sons, 1979.

Newton, K., "Trust, Social Capital, Civil Society, and Democracy", *International Political Science Review*, Vol. 22, No. 2, 2001, p. 195.

Nye, Joseph S., Jr.; Zelikow, Philip D.; King, David C., *Why People Don't Trust Government*, Cambridge: Harvard University Press, 1997.

O'Brien, Kevin J., "Rightful Resistance", *World Politics*, Vol. 49, No. 1, 1996, pp. 31 – 55.

Pamela Paxton, "Trust in Decline", *Contexts*, Vol. 4, No. 1, 2005, pp. 40 – 46.

Putnam, R., *Bowling Alone: The Collapse and Revival of American Community*, New York: Simon and Schuster, 2000.

Putnam, R. Making, *Democracy Work: Civic Traditions in Moden Italy*, Princeton: Princeton University Press, 1993.

Ran Tao, Dali L. Yang, Ming Li, Xi Lu, "How does Political Trust Affect Social Trust? An Analysis of Survey Data from Rural China Using an Instrumental Variables Approach", *International Political Science Review*, Vol. 35, No. 2, 2014, pp. 237 – 253.

Rawls J., *A Theory of Justice*, New York: Harvard University Press, 2009.

Riikka Paloniemi, "Why Do Young People Participate in Environmental Political Action", *Environmental Values*, Vol. 20, No. 3, 2011, pp. 397 – 416.

Roger C. Mayer, James H. Davis, F. David Schoorman, "An Integrative Model of Organizational Trust", *The Academy of Management Review*, Vol. 20, No. 3, 2009, pp. 709 – 734.

Rotter, J. B, "Generalized Expectancies for Interpersonal Trust", *American Psychologist*, Vol. 26, No. 5, 1971, pp. 443 – 452.

Saich & Tony, "Citizens' Perceptions of Governance in Rural and Urban China", *Journal of Chinese Political Science*, Vol. 12, No. 1, 2007, pp. 1 – 28.

Seok-Eun Kim, "The Role of Trust in the Modern Administrative State: An Integrative Model", *Administration & Society*, Vol. 37, No. 5, 2005, pp. 611 – 635.

SHI TJ, "Cultural Values and Political Trust: A Comparison of The People's Republic of China and Taiwan", *Comparative Politics*, Vol. 33, No. 4, 2001, pp. 401 – 419.

Shi, TianJian, "Cultural Values and Political Trust: A Comparison of the People's Republic of China and Taiwan", *Comparative Politics*, Vol. 33, No. 4, 2001, pp. 401 – 419.

Soo Jiuan Tan and Siok Kuan Tambyah, "Generalized Trust and Trust in Institutions in Confucian Asia", *Social Indicators Research*, Vol. 103, No. 3, 2011, pp. 357 – 377.

Soonthee Kim, "Public Trust in Government in Japan and South Korea: Does of Rise of Critical Citizens Matter", *Public Administrative Review*, No. 9, 2010, pp. 801 – 810.

Stanley Feldman, "The Measurement and Meaning of Trust in Government", *Political Methodology*, Vol. 9, No. 3, 1983, pp. 341 – 354.

Steinar Askvik, IshtiaqJamil, Tek Nath Dhakal, "Citizen's Trust in Public and Political Institutions In Nepal", *International Political Science Review*, Vol. 32, No. 4, 2010, pp. 417 – 437.

Stephen C. Craig, Michael A. Maggiotto, "Political Discontent and Political Action", *The Journal of Politics*, Vol. 43, No. 2, 1981, pp. 514 – 522.

Stephen C. Craig and Michael A. Maggiotto, "Measuring Political Efficacy", *Political Methodology*, Vol. 8, No. 3, 1982, pp. 85 – 109.

Stoneman, Paul, *This Thing Called Trust: Civil Society in Britain*, New York: Palgrave Macmillan, 2008.

T. K. Das and Bing-Sheng Teng, "The Risk-Based View of Trust: A Conceptual Framework", *Journal of Business and Psychology*, Vol. 19, No. 1, 2004, pp. 85 – 116.

Taedong Lee, Erica Johnson, and Aseem Prakash. , "Media Independence and Trust in NGOs: The Case of Postcommunist Countries", *Nonprofit and Voluntary Sector Quarterly*, Vol. 41, No. 1, 2012, pp. 8 – 35.

Tianjian Shi, "Cultural Values and Political Trust: A Comparison of the People's Republic of China and Taiwan", *Comparative Politics*, Vol. 33, No. 4, 2001, pp. 401 – 419.

Tyler Tr, Degoey P, "Collective Restraint in Social Di-lemmas: Procedural Justice and Social Identification Effects on Support for Authorities", *Journal of Personality Social Psychology*, Vol. 69, No. 3, 1995, pp. 482 – 497.

Von Niklas Luhmann, *Trust: Served as a Specific Medium in Modern Societies*, Trans. by Qutiepeng et al. Shanghai: Shanghai People's Press, 2005.

Wang, Z. , You, Y. , "The Arrival of Critical Citizens: Decline of Political Trust and Shifting Public Priorities in China", *International Review of Sociology*, Vol. 26, No. 1, 2016, pp. 105 – 124.

Wong, et al, "Comparing Political Trust in Hong Kong and Taiwan: Levels, Determinants, and Implications", *Japanese Journal of Political Science*, Vol. 10, No. 2, 2009, pp. 147 – 174.

Wrightsman, L. S, *Interpersonal Trust and Attitudes Towards Human Nature*. In Robinson, J. P. , Shaver, P. R. , Wrightsman, L. S. (Eds), Measures of Personality and Social Psychological Attitudes, 1, San Diego, CA: Academic Press, 1991.

后　记

学者是一个时代的产物。

1995 年我从江汉平原的一个村庄考上武汉大学，成为村里第一位走进武汉大学的大学生。到武汉大学报到，是我人生中第一次到武汉，也是第一次到大城市。记得我两位哥哥送我上学离开后，我在回寝室的路上就迷路了。因为武汉大学的大完全超出了一个懵懂农村小哥的预期。武汉大学不仅大，而且美。三面青山两面湖，五园美景四季花。在武汉大学读书的四年时间无疑是我人生最美好的时光。

一个农村娃第一次来到大城市读书，心里装满了自豪、兴奋、对未来的美好憧憬。但是，一个农村娃第一次走入社会，自豪很快被失望粉碎、兴奋迅速被失落取代、对未来的美好憧憬立刻变成了迷茫、无措和焦虑。1999 年大学毕业后，我只身一人到浙江宁波一个国有企业工作。生活很快就给我当头一棒。当时，企业因为走私犯案的牵连被巨额罚款，国有企业改制导致大量工人下岗，整个公司人心惶惶。另外，在工作生活中，课本上的学习内容与社会实际运行完全不同。于是，我决定回炉重造，重构我的知识体系，重新审视我们的社会。2001 年我再次回到珞珈山。

从硕士到博士的生活是充实的也是纯粹的，期间我阅读了大量的中外经典著作。每次跟女朋友约会时内心都会泛起耽误读书的愧疚感。我们同学之间无论是在上课时还是生活之余都会激烈讨论。这些阅读和讨论一方面为学术研究提供了良好的理论素养，另一方面锻炼了学术写作的逻辑思维能力。

学者这个职业一直有个悖论：学术的独立性和学者的非独立性的

冲突。学术需要价值中立才能对社会有客观的认知和评价。它的前提是学者工作稳定、衣食无忧、生活富裕。但是，现实生活中学者这个职业是孤独的、清苦的、竞争性的。

作为一个贫困家庭出生的学者，我生活在这个悖论之中并力图摆脱悖论。在学术研究中力求有理有据、用事实说话。所以，实证研究一直是我从事学术研究的一个主线。

学术是一个时代的缩影。

我的学术人生大概可以分为三部曲：认知社会群体的阶段、分析国家治理的阶段和研究党的领导的阶段。

在中南财经政法大学人文学院（现哲学院）任教期间，轰轰烈烈的城市化运动深刻地改变着中国。中国出现了人类历史上最大规模的城市移民运动。一个庞大的社会群体——农民工群体出现了。他们会对中国产生什么影响？无论是政府官员还是高校学者都有着深度的担忧。2008 年美国金融危机短期内冲击了中国，大量的农民工失业返乡，他们会对中国产生什么影响？为了回答这些问题，2009 年我申请了国家社科基金项目"中国失业农民工政治参与研究"，并获得资助，开始从事农民工群体的研究。2016 年我再次申请了国家社科基金项目"新生代农民工集体行动的政治心理机制及其调适研究"，把研究扩展到新生代农民工群体。我的研究发现，农民工群体并不是很多人想象的政治群体，而更多的是一个生活群体和利益群体。农民工改变中国的政治想象只是一些学者杞人忧天的过度揣度。

在研究农民工群体行为的过程中，我发现国家治理是有效的。一些地方政府通过流动治理改变了原有的城乡二元治理体系，有效地化解了农民工群体可能产生的社会冲击。政府工作人员非常善于运用农民工的话语体系来化解农民工的社会冲突。这让我非常着迷。所以，从 2017 年开始，我把学术研究转移到人民信访制度研究上来。信访是社情民意的晴雨表，是党和政府与基层群众互动的最前线，是观察社会和理解政府的窗口。在此期间，在湖北省信访局和中南财经政法大学公共管理学院的支持下，我牵头创立了中南财经政法大学湖北省信访理论研究基地。最近几年我基本跑遍了湖北所有的县市区，重新审视国家治理的运作过程。

在研究国家治理尤其是信访治理的过程中，我发现党的领导嵌入很深。如果照搬西方的行政管理理论，以政治与行政二元分离作为逻辑起点来分析理解中国政府运作是比较幼稚的。研究中国的行政管理必须考虑党的领导和传统文化因素。正如赵树凯所言："离开政权看治理，如同隔岸观火；解决治理困境不首先着眼于政权，如同隔山打牛。"我在教学和研究的过程中，也曾反复告诫学生，研究中国的行政管理不考虑党的领导那是隔靴搔痒，研究党的领导不关注国家治理那是纸上谈兵。正是遵循着这一逻辑，我于2021年底再次回到珞珈山开始把党的领导和群众路线作为自己的研究对象。

我一直秉持着问题性学术的执念，先后跨越政治学、公共管理学和中共党史党建学三个学科。学科性学术以"专"和"精"推动学术的发展，它在推动学术专业化的同时，也会因为学科分工的反制力而撕裂学术，形成学术研究的碎片化、派系化、利益化。问题性学术以"全"和"实"推动学术的发展，又容易陷入浅薄的窠臼。但是，如果学者能够以学科性学术为手段，以问题性学术为目标，那么学术研究可以真正回归到学术本身。

学术往往是滞后于时代的。学术作品作为学者一个阶段的研究成果，往往滞后于学术人生。本书早已写作完成，但是因为各种原因一直推迟到今年出版。这也算是为我认知社会群体阶段的学术人生画上一个圆满的句号。

在本书写作和出版过程中，我得到了国家信访局、湖北省信访局、中南财经政法大学公共管理学院、武汉大学马克思主义学院、中国社会科学出版社等单位诸多领导和朋友的关心和帮助。说一万句谢谢不如一次行动。所以，这里不再一一致谢，希望以后有机会以行动来报答。

孔凡义于珞珈山

2023 年 2 月 12 日